# ALKULÄHTEILLÄ

Päivi Kilpinen

# ALKULÄHTEILLÄ

## - Päättymätön tarina -

®2021 Kilpinen, Päivi

Kustantaja: BoD – Books on Demand, Helsinki, Suomi

Valmistaja : Bod – Books on Demand, Norderstedt, Saksa

ISBN : 9789528044260

*"Muutos aikuisissa on muutos lasten ja eläinten tulevaisuudessa"*

# Alkulähteillä

Tunteet ovat yksi kiehtovimmista ja moninaisimmista aistimuksista, mitä maa päällään kantaa. Ne tuovat elämään erilaisia vivahteita energioiden muodossa ja muovaavat hetkiä juuri sellaisiksi, että ne parhaiten palvelevat elämää. Tunteiden säätelylle ominaista on aina olemisen olotila, eikä sen ylitse voi kävellä kukaan muu kuin sinä itse. Kun ihminen ongelmia kohdatessaan ohittaa omat tunteensa ja tarpeensa, hän näin ollen unohtaa elämänsä tärkeimmät kanavat itsetutkiskelunsa matkalla.

Jotta ihminen voi elää elämänsä nauttien sydämensä ja sielunsa sulosoinnuista, hänen on rakennettava Ainaisten Unelmien Polku, joka johdattaa juuri sinne, minne ihmismieli palavimmillaan kaipailee. Pieni kosketus olkapäälle suurimmalla hädän hetkellä voi olla mullistava kokemus pienen ihmistaimen elämässä. Jos sen aikuinen tyrmää omilla uskomuksillaan uhmaten, ei taimen läsnäololle ole sijaa siinä mittakaavassa kuin se elämälleen olisi tarkoitettuna.

Kun ihminen ei ymmärrä tekojensa poikkeavia uria, ei hän voi koskaan tehdä hyvää toisille eikä itsellensä. Järkevimmillään ihminen on silloin, kun hän tyhjänä tauluna haluaa toimia niin kuin tyhjä sivu haluaa toisille itseään näyttää.

Tutustuminen omiin tuntemuksiin alkaa jo pienestä nyytistä, joka itkusta sekaisena hamuilee yltyvää rakkauden nälkäänsä vaipuen omaistensa tahtoon juuri siten kuin häneltä vaaditaan. Ajattelevaisimmillaan ihminen voi tehdä lapsestaan suurimman rikkautensa ja pahimmillaan rakkautensa vääristymän.

Osaamattominta ja köyhdyttävintä puoltaan ihminen ilmentää jokaisessa elämänvaiheessaan aina yksilöllisen tasonsa mukaisesti. Kannattavimmillaan hän puolestaan toteuttaa yltiöpäisintä rakastamisen taitoa, jonka juuret kumpuavat turvallisesta ja nähdyksi tulemisen tilasta. Laajemmille kokonaisuuksille antauduttuaan ihminen voi kyetä rakastamaan niin itseään kuin muita...

"... samalla tavalla kuin sieluaan ruokkinut noitavanhus jokaisen pienokaisensa taikoessa taulunsa aina tyhjäksi sen kauttaaltaan langetettuihin kirjelmiin."

Ajatusta seuraa aina jokin tunne, joka puolestaan johtaa toimintaan. Ihminen voi valita, antaako tunteen viedä vai toimiiko sen kanssa yhteistyössä. Toimintaa seuraa aina uusi ajatus ja sitä uusi tunne, ja näin kehä jatkaa kulkuaan. Tunteet eivät siis synny tyhjästä, ja niiden pohjalta rakentuu aina kymmenittäin tai miljoonittain erilaisia sykäyksiä ja energioita viitoittamaan tietä sinne, minne ajatus ja toiminta suuntautuu. Tuntemiseen tarvitaan kykyä kokea, nähdä, tuntea ja kuulla omia ajatuksia, tarpeita sekä mielihaluja.

Tunnetyöskentelyn kulmakiveksi määrittelisinkin jonkin sortin omaleimaisen kaavion, jota elämä on jo ennalta piirtänyt Olemuksesi ympärille. Erilaiset tapahtumat ja tunnekokemukset muovaavat jokaista sykäystä aina sellaiseksi kuin sen on tarkoitus olla.

Voimistuessaan sykäykset lähtevät liikkeelle joko niin vaimeina, että ne eivät tuo tuntemusta esiin tai sitten ne kumpuavat niin syvinä kaikuina, etteivät ne ole hallittavissa olemassa olevilla työkaluilla.

Mahtavinta lienee se, kun ajatus on herättänyt toiminnan ja tunteet elävät omaa elämäänsä hallitsematta tilannetta, kuitenkin ilmentäen juuri sitä, mitä kulloinkin herää olotilan ja sisimmän välisessä viestinnässä.

Ihminen tekee sisäisen työnsä ja muutoksen itse sydämestään ja sielustaan. Ihmisyyteen kuuluu kuitenkin myös avun pyytäminen ja vastaanottaminen, eikä matkaa tarvitse tehdä yksin. Kirjassa viitataan ammatilliseen terapia- ja valmennusapuun, jotka kattaa tässä erilaiset terapiamuodot, keskusteluavun sekä valmentajat. Valmentajia niin yksityishenkilöille kuin työyhteisöillekin ovat esimerkiksi life coachit, ratkaisukeskeiset valmentajat ja muutosvalmentajat.

Olen viitoittanut ajatuksiani ja kirjoituksiani tuntein tätä kirjaa tehdessäni. Ilman niiden tuomaa väriä sieluni ei puhuisi niitä sanoja tai lauseita, joita teille kirjoitan. Ilokseni voin todeta, että antautuessani viehkeydelle, avoimuudelle ja intohimolle voin tuottaa tekstiä, jossa tunteet heräävät eloon juuri sellaisena kuin toivonkin. Olen kirjoittanut isoin alkukirjaimin tiettyjä sanoja, ihmisolemuksesta löytyviä kohtia, korostaakseni niiden merkityksellisyyttä.

Muistiinpanoille on pyhitetty siellä täällä muutama sivu, mutta käytä arkailematta muutakin tyhjää tilaa omien merkintöjesi tekemiseen.

Tervetuloa suurenmoiselle lukumatkalle värien, tunteiden ja elämän iloisten sulosointujen matkaan tuntevana, aistikkaana lukijana. Juuri sellaisena kuin sinä olet, juuri siten kuin sinä tunnet. Sillä tunne on se, joka on elämäsi Alkulähteiden Valtiatar.

# Taikapeili

"Montako kertaa ihminen kohtaa elämänsä päätepysäkin? Ja koska on se hetki, kun kaikki vain pysähtyy? Pysähtyy, kylmenee ja kuolee? Joka solu, sydämenlyönti, silmänräpäys... ajatus. Ihminen jää tyhjiöön. Yksin."

Lokakuun kylmä tihku hakkaa vasten kyyneleiden turvottamia poskiani. Sen huomaa, mutta sillä ei ole enää väliä. Raskaat askeleet kuluttavat tien loskaista pintaa hartioideni painuessa alas kuin raskaan taakan kantajalla. Kaikki ympärilläni on vain synkkää ja mustaa.

Koira tallustaa naruni päässä haistellen ensilumen jättämiä hajuja, ja joku lenkkeilijä pyyhältää juosten ohitseni kuin transsissa. Päässäni humisee, olo on lyöty. Suru ja epätoivo kalvavat sisimpäni sättiessä epäonnistumistani. Haluaisin vain kadota, mennä pois koko kurjasta maailmasta ja vaipua tiedottomaan tilaan. Vain olla: vailla huolia, vailla pelkoa ja vailla tuskaa. Vailla mitään, joka vain vie ja kuluttaa.

Ero. Taas yksi elämäni epäonnistumisista! Ne kaikki itseeni kohdistuneet vaatimukset ja pakot, joita olen koko elämäni kantanut, eivät tuottaneetkaan tulosta. Millä hinnalla? Sillä, että taas olen polkenut oman arvokkuuteni ja arvoni mutaan, jotta voin pelastaa koko muun maailman. Kaikki muut, jonkun muun kuin itseni.

Tässä tapauksessa miehen! Olen unohtanut itseni, kääntänyt pari vuotta poskeani ja antanut polkea sisimpääni kuin kurjaa rättiä. Se rätti alkaa olla viimeistä kudostaan myöten kulutettu, käytetty. Tuntuu kuin kaikki sisälläni olisi revitty, raastettu pikkuhiljaa, hitaasti kiduttamalla. Ja minä olen sallinut sen. Idiootti! Ja pahinta on, että se tapahtui jo toistamiseen.

Helvettiin empatiani, helvettiin yliherkkyyteni. Vedän puoleeni vain apua tarvitsevia moukkia ja oletan pystyväni pelastamaan niistä jokaisen. Kuka on niin määrännyt? Kohtalo?

Synkkänä hetkenäni ammennan voimani juuri tuosta empatiastani, vahvuudestani, intuitiostani. Mutta kun joskus koittaa se minun päätepysäkkini, kuka minut pelastaa? Kuka kantaa huoleni, kääntää poskeaan ja kannattelee minua?

Pahoin pelkään, että on aika kurkistaa peiliin ja nähdä. Nähdä kohtaloni ja se, mistä kaikki sai alkunsa. Nähdä se, joka minua voi auttaa.

LUKU 1

# Elämän eliksiirit

**Pyyteetön rakkaus** etsii ihmistä, joka jakaa haaveensa ja unelmansa, eikä tee sitä vain omista tarpeistaan ja lähtökohdistaan käsin. Pyyteettömään rakkauteen kuuluu kyky uneksia toisen ollessa vieressä uneksimassa omista unelmistaan. Se hämmentyy julmuudesta ja pakosta eikä elä milloinkaan, jos se kuihdutetaan vääryydellä. Pyyteetön rakkaus ei kuljehdi kenenkään ovista noin vain, vaan se odottaa hetkeä, jolloin kukaan tai mikään ei voi asettua sen tielle tai pakottaa sitä mihinkään vastoin tahtoaan. Tekemällä hyvää maailmalle saat rakkautta sieltä, missä se on puhtaimmillaan.

**Ehdoton rakkaus** tallentaa muistot, joita kukakin on saanut omassa elämässään jakaa ilman ehtojen sanelua. Se saavuttaa ne, jotka oikeasti etsivät Kimmeltävien Lampien Lähettejä, ja antautuu vain sellaiselle, joka maksaa hintansa sen särkymisestä. Ehdoton rakkaus ei ole itsestään selvää, vaan vaatii hitusen onnekasta kohtaloa tai virtausta opittujen taitojen välillä. Tuntematta tuskaa emme osaa nauttia siitä, mitä taivas suo meille rakkaudestaan. Antamalla enemmän saat enemmän rakkautta elämääsi.

13

**Rauha** on Syvän Hiljaisuuden Laakso, jossa uinuu satavuotias marsalkka ikuisessa unessaan, eikä hätäänny, vaikka soturi herättelisi pelolla kovintakaan uhriaan. Se vaatii ikuisuuden verran harjoitusta, mutta tarjoilee jo puolittaisenakin ihmisyyden mittavimman voimavaran ja mahdin sisäiselle tutkimiselle omasta sielusta käsin.

**Etsijä** on se, joka tuntee polkunsa, mutta etsii edelleen kanavaansa maallisista rikkauksista. Kärsimyksessä eläessään ihminen ei näe toivoa tai valoa vielä siten, että hänen olisi mahdollista etsiä tietä ulos totutusta. Toivon luominen hetkessä on avain muutokseen. Valoa ja iloa pienissä asioissa huomaamalla saa muistutuksen siitä, mikä on hyvin juuri nyt. Ei-tietäminen ja lopullisen totuuden etsimättä jättäminen ovat parhaimpia asioita, mitä ihminen voi oppia muutoksen lähteillä. Uskomalla ihmeisiin ja unelmiin voi löytää sisäistä rakkautta ja kulkea kohti löytämisen riemua.

**Löytäjä** on se, joka uskoo jo etsimään lähtiessään löytävänsä ikuisen onnen omista syövereistään, eikä pelkää kohdata yhtäkään uutta hankalaa tapausta tai sattumaa matkansa varrella. Hän uskoo ja luottaa ikuiseen onneen eikä epäile Maailmankaikkeuden tarkoitusperiä yrittäen asettua poikkiteloin omien uskomustensa tai haavojensa tielle. Hän antaa aina tilaa unelmille. Hän tunnistaa pahimmat kolhunsa anteeksiannon tai kirkkauden voimasta käsin tehdäkseen elämänsä parhaan palveluksen itselleen ja kanssakulkijoilleen.

**Elämä täyttyy siitä mitä ajattelet**, mutta se ei voi täyttyä niin kauan kuin haaska tarttuu sen onnenkantamoisiin joka kerta, kun yrität nousta ylös. Silloin ei auta kieltää olemassaolonsa heikkouksia, vaan ottaa ne ilolla vastaan tutustuttaen ja rinnastaen ne jokaiseen soluun, oman arvon asettuessa tasapainoon itsen ja kehon kanssa.

**Anna itsellesi lupa olla se, kuka olet,** ja löydä se, mitä enimmilläsi voit olla Ikuisen Elämän Virralla.

*"Ei sielu suosta ponnista eteenpäin, vaan se iskee tulta ja tappuraa sydämestä käsin nauttien sen voimasta, joka tekee mahdista heikkoutta tai ilosta rikasta. Sielu savuaa, kun se ei pääse eteenpäin elämiensä edetessä, ja korventuu, jos se syöstään turmioon.*

*Ihminen elää rakkaudesta, joka antautuu sielun vietäväksi, ja nautiskelee suloisesta unestaan silloin, kun sielu paljastaa löytäjän rajatilojen olemuksen etsijälleen.*

*Anna sielusi kukkia hurmiota ja rakkautesi lisääntyä sielusi helmien punoksena aina ikuiseen onneen saakka saavuttaen ikuiset elementit taivaasta ja maasta, eikä mikään mahti enää voi asettua niiden tielle.*

*Tee hurjimmat unelmasi toteen ja anna palaa, sillä sielusi värehtii juuri niitä suloisia viestejä, joita se ei kuunaan voisi saada muutoin ilmoitettua sinulle."*

# Pelkolaakson vallankumous

Heräsin. Huusin! Mutta kukaan ei tullut.

Istuin sängyllä ja itkin. Samalla lohdutin alasängyssä nukkuvaa veljeäni, joka nyyhkyttäen käpertyi kainalooni kauhusta mykkyrällä. Huudot kantautuivat keittiöstä erinäisten iskujen saattelemina, ja puristin veljeäni lujemmin vasten itseäni vapisten kauttaaltani. Lohdutin ja keinutin, kunnes veli nukahti taas.

Hiippailin siskoni vanavedessä kädet nyrkkiin puristettuina ovelle, joka johti eteiseen. Nyrkit hikosivat pelosta, kun pienet jalat tepsuttivat kohti ääniä. Huutojen kajahdellessa ilmaan syyttävinä ja rumina suunnistin keittiöön, sinne lukuisten taistelujen tantereelle. Sisko kapsahti halaamaan äidin vertatihkuvaa jalkaa, jonka nilkassa avain nökötti kuin tikka. Mutta veri ei hillinnyt vanhempien suiden louskuntaa eikä käsien huidontaa.

Siskoni itki hiljaa kyynelten virratessa pitkin poskia. Järkyttyneenä ja pelokkaana, itkun sumentamin silmin halasin kiukusta uhkuvaa isääni hänen jalkaansa lujasti puristaen, kuin pyytäen, että he lopettaisivat. Hoin mielessäni itselleni vain "Kaikki hyvin, kaikki hyvin!", kunnes huuto laantui. Äiti halasi siskoani, isä silitti selkääni. Me kaikki seisoimme keittiössä, lapset erotuomareina vanhempien välissä toivoen parempaa. Vain veljeni nukkui sängyssään, yhtä turvattomana kuin me, mutta onneksi tietämättömänä tilanteen vakavuudesta.

Sitten isä lähti, vanhemmat erosivat lopulta. Alla oli lukuisat riidat, ne lukuisat kauhut, joita siskoni kanssa hillitsimme rauhan välikappaleina hieman kepeämpään väkivaltaan tai tunnelmaan. Lahjaksi saimme kaamean turvattomuuden ja henkiset mustelmat. Se oli kuin kuolema, joka nakersi pahasti itseluottamusta sekä luottamusta vanhempiin.

Isä lähti, hylkäsi ja jätti. Äitikin uhkaili hylkäämisellä, mutta selviytyi jotenkin arjessaan pitäen tiukkaa kuria ja esittäen vaatimuksia siitä, millaisia meidän tulisi olla. Molemmat vanhemmat olivat rikkinäisiä ja rikottuja, täynnä sirpaleita. Mukanaan heillä oli kuitenkin kolme lasta, jokainen heistä hylättynä, turvattomana ja sirpaleiksi muserrettuna. Jokainen heistä elämänpolulle työnnettynä vajavaisin eväin, painajaisten saattelemina ja kirousten langettamina toistamaan vanhempiensa sanelemia kaavoja.

"Kun on kiltti tyttö, pärjää. Kun on vain vahva ja sisukas, pärjää! Kun vain pakottaa itsensä miellyttämään muita, pärjää!" Kun kiltti tyttö rakentaa sirpaleista identiteettiään saamistaan pienistä palasista, vain sillä on merkitystä, miten tulisi nähdyksi ja kokisi olonsa hyväksytyksi. Pikkuhiljaa identiteetti onkin sellainen, millaiseksi muu maailma sen määrittää.

Tyttö on vahva. Hän suorittaa, on perfektionisti ja ruoskii itseään. Pakko! Pakko olla vielä vähän parempi. Pakko tietää. Pakko onnistua. Pakko hyväksyä. Pakko jaksaa.

Paksu kiltti tyttö huolehtii rakkaasta veljestään, vähän siskostaan, isästään ja äidistään. Huolehtii siitä, että hänestä tykättäisiin edes vähän, kun hän on niin kiltti ja huolehtiva. Paksu kiltti tyttö on hyvä koulussa, hyvä piirtämään ja osaa vaikka mitä. Mutta jos hän yrittäisi vielä kovempaa, hänestä voitaisiin tykätä vielä enemmän. Hän on kiltti ja kohtelias, mutta hänelle ei aina olla niin kilttejä. Se ei haittaa, sillä tyttö kyllä kestää. Hän huolehtii kaikesta. Kaikesta, paitsi itsestään. Itsensä hän hylkää. Ruoskii, rankaisee ja paheksuu niin kuin kaikki muutkin tekevät.

Kun tyttö sitten laihtuu, identiteetti muuttuu. Hetken hän jo saa ihailua kerrakseen, muun maailman muutos on huima. Siitäpä tyttö ilostuu ja löytää uuden tavan ruoskia itseään. Kun hän on nyt laiha, hän on parempi, tykätympi, arvostetumpi. Hän ei ole enää se pullukka, joka saa iltateellä vain kantapalan leipää tai jolle isä sanoo sarkastisesti, että "hän se jaksaa aina syödä kaiken". Koulussa ei kiusata tai kukaan ei arvostele syömisiä, liikkumisia tai pukeutumisia.

Jokainen suupala, jonka hän suuhunsa laittaa, on kuitenkin liikaa. Eikö hän pysty edes välttämään kiloja? Onko hän niin huono, että ei muka pystyisi pitämään tätä uutta, ihailua saanutta vartaloa? Kyllä hän pystyy, ja niin syömishäiriön helvetti iskee kovaa päin tytön pläsiä. Muu maailma on ummistanut silmänsä. Siltäkin!

Niin vuodet vierivät. Tyttö suorittaa; aina voi olla parempi ja aina voi yrittää enemmän. Mikään ei riitä hänelle itselleen, koska mikään ei riitä muillekaan. Häneltä vain vaaditaan, hänelle kerrotaan, mikä olisi parempi tai mikä olisi kannattavampaa. "Jos et tee niin, et ole mitään" -tyylillä.

Pitäisi olla kiltti, hoikka ja kuuliainen. Pitäisi saada hyviä numeroita koulussa, mennä lukioon ja onnistua elämässä. Pitäisi olla vahva, avulias ja tukena muille, ymmärtää, kuunnella ja lohduttaa, olla aina muita varten. Lista on loputon. Mikään ei riitä. Tyttö juoksee, syö päivässä ehkä lihapullan ja omenan. Sitten nousee kuuliaisesti vaa'alle, jotta saa taas syyn ruoskia itseään. Miinusmerkkiset luvut sallittaisiin tässä, kaikki muu olisi merkki epäonnistumisesta. Ahdistaa eikä kukaan kuule, ei näe.

Tyttö on rikki, yksin ja kärsii henkisistä mustelmistaan. Turvaa tuo ainoastaan kontrolli itsestä ja hyvän tekemisestä muille, ihan kuin silloin olisi edes hitusen kokonainen. Kun kontrolli pettää, tyttö ahmii. Nälkä on vienyt mennessään, ja epäonnistumisen aallokko myrskyää sisällä trombin lailla. Jäätelöä, leipää, suklaata. Holtittomuuden syövereissä hetkellinen sokerin tuoma hyvänolontunne valtaa tytön, kunnes epätoivo saa vallan ja wc-pönttö kutsuu. Itkunsekaisin yökkäyksin, sormet kurkussa ja itseinho korkealla tyttö ruoskii itseään, paheksuu ja haukkuu. Kuinka tyhmä, huono ja epäonnistunut hän onkaan! Mitä muutkin hänestä ajattelisivat: tyhmä, läski pullukka, joka ei edes pysty huolehtimaan siitä, mitä suuhunsa laittaa?! Tyttö oksentaa, itkee ja piiskaa. Hän hylkää itsensä ennen kuin kukaan muu pääsee tekemään sen ennen häntä.

Elämä lipuu eteenpäin mukanaan sattumia ja tapahtumia. Lapsuudentraumat varjostavat tytön matkaa naiseksi. Naiseuden äärellä hän tekee turvattoman lapsuuden kaavan sanelemia valintoja, joita ohjailee ympärillä oleva maailma. Hän ei tiedä, missä oikea identiteetti asuu, kuulee vain vaimeita empaattisen ja herkän itsensä kuiskauksia sydämestään.

Ulospäin hän näyttäytyy maailmanpelastajana, kilttinä ihmisenä ja ankarana äitinä, joka rakastaa lapsiaan äärettömyyksiin saakka vaalien perhe-elämää. Seinien sisällä hän kääntää poskeaan iskuille, joita sataa kasvoilleen. Samalla hän yrittää olla vahva, sisukas, aikaansaava ja iloinen.

Parisuhteet kulkevat turvattoman isäsuhteen ja mielenterveysongelmaisen äitisuhteen luomaa rataa naisen taistellessa aina muiden puolesta unohtaen omat todelliset tunteensa ja tarpeensa. Tyypillinen empaatikko löytää ne raaimmat pedot, jotka viettelevät, nitovat sormensa ympärille ja herättävät huolehtijan roolin, mutta lopulta satuttavat. Hän asettaa lapsensa ja miehensä itsensä edelle, sallii huonon narsistisen kohtelun ja hylkää jälleen itsensä. Hylkää oikean elämänsä, juuri kuten isäkin hänet hylkäsi ja juuri kuten äiti opetti, että sen hän ansaitsee. Äiti opetti, että naista saa lyödä ja kohdella huonosti, käyttää hyväkseen. Kaikki on naisen itsensä syytä ja hänen vastuullaan. Isä vahvisti tämän kaiken toiminnallaan ja liputtamalla sitä, että kaikki oli äidin syytä. Vanhemmilta lahjaksi saamansa kaavan mukaan tytöstä naiseksi kasvanut vaipui sitten oman miehensä uhriksi alistuen mitätöintiin, hylkäämiseen ja manipulointiin.

Kaiken keskellä hän löysi turvapaikan hevosesta. Vahva, jykevä hevonen ei kohdellut huonosti ja antoi naiselle kaiken sen, mitä nainen antoi hevoselle. Se hyväksyi naisen omana itsenään, ei puhunut potaskaa, kunnioitti ja luotti. Vahva, herkkä ja kaunis hevonen antoi naiselle turvaa ja iloa, valoi uskoa rakkauteen ja aitoon kohtaamiseen. Se näki ilon ja surun, valtavan tuskan ja epävarmuuden. Pelko sai sen perääntymään, kuten naisenkin. Molemmat tunsivat rakkauden, tulivat kuulluiksi ja nähdyiksi, olivat kuin peilit toisilleen. Parhaat ystävät.

Kun helvetti oli valloillaan ja kulissit murtuivat pikkuhiljaa, nainen taisteli itsensä ja lapsiensa puolesta. Rinnalle oli jäänyt vain muren niistä ihmisistä, jotka olivat kuuluneet naisen elämään. Pato murtui ja tulva peitti kaiken alleen. Perhesurman uhka, väkivallan ja henkisen piinan sumu verhosi koko pitäjän. Synkkyys vyöryi miehen narsismin nyrkin heiluessa, ja hänen puolelleen voitetut liputtivat valheiden valtakuntaa.

Nainen, samalla äiti, jäi onnettomana taistelemaan itsensä, lastensa ja terveytensä puolesta vajavaisin joukoin, alistettuna, pelokkaana ja särjettynä jälleen. Vain lasten tulevaisuus ja heidän pelastamisensa sai naisessa leijonaemon heräämään ja jatkamaan taistelua. Se ärjyi puolikuolleena, puolusti ja hyökkäsi. Se sai rinnalleen taistelemaan pienen joukkonsa, joka tunsi naisen sisimmän, uskoi ja rakasti. He tunsivat tuskan, jota nainen kantoi haavojen ja traumojen tuloksena. He tunsivat äidinrakkauden, sisun, hyväksynnän ja anteeksiannon. He tiesivät, että hyvyys voittaa aina pahan, ja uskoivat tähän. Uskoivat leijonaemoon, uskoivat naiseen. He uskoivat!

Mutta naisen sisällä asui myös tyhjyys, hylkäys ja epätoivo. Hän oli menettänyt elämässään melkein kaiken: uskonsa, hevosensa, talonsa, veljensä, äitinsä, isänsä. Hän oli menettänyt maailman, jonka oli luullut olevan hänen. Ja silti hänellä oli vielä toivoa. Jäljellä oli vielä arvokkaimmat: lapset ja äidinrakkaus. Hänellä oli side välittäviin ystäviin, side terapeuttiin ja koira suojelijanaan. Mikä parasta, hänellä oli itsensä: nainen, joka vihdoin, kaiken hulluuden keskellä, opetteli ymmärtämään itseään, lapsuudentraumojaan ja niistä seuranneita vääristymiään. Hän löysi itselleen sopivan polun ja sen varrelta pikkuhiljaa palan identiteettiään, uskoaan ja arvokkuuttaan. Hän sai lahjaksi kokemuksen oikeasta, todellisesta rakkaudesta ja taidon kasvattaa maailman parhaimmat poikansa omiksi, loistaviksi persoonikseen ymmärtämällä, tukemalla ja kanssakulkemalla arvostaen sekä hyväksyen.

Vuosien varrella menetetyt ihmissuhteet (joihin lukeutuivat myös kaikki lähimmät verisukulaiset) tuottivat tuskaa ja tunteiden patoutumista syvälle sydämeen. Kaiken sen kauhun keskeltä pinnalle kuitenkin nousi ihme, joka sai naisen tunnemyrskyn silmään: hän löysi veljensä uudestaan. Herkän, ihanan ja yhtä kaltoinkohdellun rakkaansa, joka pelokkaana ojensi käsiään siskoaan kohti. Nainen muisti lapsuuden hetket, joina oli lohduttanut veljeään sängyllä. Veljen, josta oli huolehtinut ja joka oli kuulunut aina hänen elämäänsä isona ja merkittävänä asiana. Vihdoin tuntui, että naisella oli kaikki, mitä hän elämäänsä tarvitsi; veli oli perheineen puuttuva palanen.

Veljen mukana pintaan nousivat silti myös traumat lukuisista hylkäämisistä, oletuksista ja ilkeyksistä. Nainen kamppaili ajatustensa ja tunteidensa kehällä kysyen oikeutuksia, listaten asioita, joilla oli suurimmat vaikutukset sielun traumoihin ja haavoihin. Naisen polku oli ollut synkkä ja syvä, mutta samalla valon ja kimalteen saattelema.

Nainen ei halua katkeroitua tai syytellä. Hänen oma, aito identiteettinsä huokuu positiivista elämää ja seesteistä turvaa, jolloin hänellä on mahdollisuus eheytyä ja kasvaa. Isä saa anteeksi hylkäämisensä ja osaamattomuutensa, vaikean lapsuutensa ja tietämättömyytensä. Hän saa anteeksi ihmisyytensä ja katkeruutensa. Äiti saa anteeksi aiheuttamansa pelot ja traumat, vajavaiset työkalunsa ja rakkaudettomuutensa.

Naiselle merkitsee enää vain aitous, totuus, elämä ja rakkaus sekä ikimuistoiset, ihanat hetket. Hetket, jotka voivat kaunistaa ja joita ajatellessa suu kaartuu hymyyn. Hetket, jotka ovat ikuistettuina elämän filmirullaan ja joita voi muistella aina halutessaan.

Nainen. Pienestä tytöstä naiseksi ja tyttärestä äidiksi kasvanut, kaltoin kohdeltu ja huonot eväät saanut, on saavuttanut elämässään suunnan, jota on helpompi kulkea, helpompi matkata yhdessä poikiensa, ystäviensä ja veljensä kanssa ja kohdata asioita, jotka pinnalle pölähtävät. Hän on antanut anteeksi paljon asioita ja osaa niiden kanssa nyt elää. Nainen. Herkkä, empaattinen ja omilla jaloillaan seisova ihminen, eheämpi ja armollisempi, pyytää anteeksi taitamattomuuttaan, huonoja valintojaan ja loukkauksia, joita on polkunsa varrella jaellut. Pyytää anteeksi hylkäämisiään, vääriä valintojaan ja sanojaan, jotka ovat viiltäneet kuulijaansa syvästi. Pyytää anteeksi kaikkea, mitä anteeksi voi pyytää.

Tässä risteyksessä nainen uskaltautuu kysymään, mitä hänen polkunsa varrelta löytyy ja mitä sieltä voisi vielä löytää, jos tarpeeksi etsii.

24

# LUKU 2

Avoimuus on tila, joka vallitsee, kun olet turvassa itsesi ja ympäristösi kanssa. Voit vaikuttaa silloin ympäristösi liikehdintään ja energioiden jokimaiseen tuoksintaan kirkkaana ja vapaana kaikesta ennalta arvattavasta. Annat mahdollisuuden toiselle olla se, mitä hän oikeasti on, eikä se estä sinua luottamasta siihen, mitä kuulet ja näet.

Ennakkokäsitykset ja asennevikaisinakin pidetyt oudot tuntemukset tai aistiketjut siivittävät oman sisimpäsi ajatusmaailmaa, eivätkä ne ole millään muotoa liitoksissa oikeisiin asianyhteyksiin. Etsimällä oman polkusi voit löytää oikean Olemuksesi avoimuuden sieltä, missä juuresi ovat alkunsa saaneet.

Etsi se ajatus, joka estää avoimuutesi ja muiden hyväksymisen juuri sellaisina kuin he ovat. Älä rummuta sitä pelosta käsin, koska joka kerta pelätessäsi haitallisia uskomuksia kasaantuu yhä enemmän juuriesi ympärille. Niistä on vaikea selvitä eteenpäin, vaikka lapsuudessa polullesi olisikin jo ehtinyt kehittyä antoisia työkaluja.

*"Unhoita olemuksen uskallus,*
*mutta älä milloinkaan langetu sen eteen verissä päin,*
*vaan vaali kaikkea aina hyvästä käsin."*

# Tunteiden havaitseminen – värit, symbolit, aistit

Symbolit voivat helpottaa tunteiden muotoilemista sanoiksi tai tavoiksi ilmaista niitä muille. Sydän usein mielletään rakkauden symboliksi, mutta se voi myös kaikessa väkevyydessään olla ikuinen ansa, josta et pääse pois, vaikka kuinka pyristelet. Näkemällä sydämiä joka puolella voit olla turmioitunut peittämään todelliset voimasi, eikä rakkauden muoto silloin ole se, josta käsin sydäntäsi ammennat.

Tuntemuksien valossa onkin tärkeää saattaa ilmoille se kaikki, mitä todellisuus tuo ilmi. Etsimällä vain yhtä symbolia jää helposti sata muuta näkemättä tai kuulematta, jolloin peität todelliset tunteesi uskomustesi alle. Keskity sydämen näkemisen sijaan näkemään kaikkia muotoja, jolloin myös löytämäsi sydän merkitsee juuri sitä, mitä se tahtoo sinulle sanoa.

**Merkkien, numeroiden tai symbolien merkitys ja niiden tarve on jokaiselle ihmiselle henkilökohtaisesti ominaista eikä niitä pidä liioitella tai vähätellä missään olosuhteissa. Olomuodot, elementit ja tasot tunnetyöskentelyssä lisäävät tunteiden tuottavimpia esiintuloja juuri asianosaista palvellakseen. Mikään väri tai olomuoto ei ole kenellekään sama, joten niiden arvottaminen tai tietämyksen pakottaminen ei tuota minkäänlaista tulosta tunnetyöskentelyn parissa. Vain ja ainoastaan sinä itse tiedät, mikä on juuri sinun merkkisi, värisi tai numerosi, kun puhutaan sinun tunteistasi.**

Värit helpottavat tunteiden sanoittamista ja elämän kirjaamista sellaiseen muotoon, että ne näkyvät ulkopuolelta katsottuna syvimpänä elementtinä. Jokaiselle tunteelle on värinsä, ja niiden hienoinen sekamelska saattaa jopa huvittaa ulkopuolista tarkastelijaa. Tosiasiassa sekamelska kuvaa tunteiden rikkautta, joka meissä asuu. Se myös ilmentää sitä ajatusta, joka usean päässä pyörii ahdistuksen tai yltiöstressaamisen tilassa. Silloin ei väristä saa selkoa edes suurentamalla kokonaiskuvaa, vaan on peräännyttävä niin kauas, että voi nähdä myös lähelle.

**Milloinkaan haastavien tunteiden kanssa ei tule jäädä yksin. Siksi elämässä on aina apu lähellä.** Rohkene olla ihminen, joka omaa juuri itsellensä parhaimman ystävän, oman itsensä. Kuvittele eteesi kirkkaus, joka antaa sinulle kaiken mitä tarvitset: sinut itsesi ja yhteisön ympärilläsi. Ei ole yhteisöä, jos ei ole sinua. Näin ollen aina joku voi olla se avun tarvitsija ja joku auttaja.

Omasta näkökulmastani **sinisen** sävyjä kuvaamalla voit tutkia erilaisia kaipauksen ja tarvitsevuuden olotiloja. **Vihreä** puolestaan korostaa kaikkea mitä elämä ammentaa kirkkaudestaan käsin. Se tekee meille tilaa ja turvaa. **Punainen** eri sävyissään edustaa rakkauden, vihan tai katkeruuden airutta, joka voi ilmentyä millä tahansa voimakkuudella. Se kuvastaa Olemuksen epätietoisuutta omasta onnellisuudestaan. **Keltainen** luo tilaa, avaruutta ja iloa. **Liila** puolestaan kurkistaa onnenuskoon, ja onni iloitsee aina sen kirkkaissa sävyissä.

**Musta** on usein turmion ja tuskan sävy. Se ei herätä helposti hempeyttä tai eläväisiä ennusteita. **Valkoinen** puolestaan loistaa hyvyydestä ja valosta käsin. **Harmaudessa** on eri sävyjä, ja asioiden tarkastelu eri harmaiden välillä auttaa ehkä näkemään syvyyksiä erilaisissa tulkinnoissa.

Jokaiselle värille on olemassa aina yksilöllinen kuvaus siitä, mitä se kulloinkin edustaa, eikä mitään väriä voi yleistää kuvaamaan aina juuri tätä tunnetta tai tilaa.

**Näkökulmien muuttuessa myös värit voivat muuttua, saada lisää sävyä tai peittyä toisen alle.**

Aistien käyttäminen tunnetyöskentelyssä arvottaa omat kokemuksesi juuri sinun lähtökohdistasi, ja silloin vain sinä itse voit olla tunteidesi asiantuntija. Jos jokin kokemus herättää ison reaktion, on se sinulle selvä merkki siitä, että sinussa tapahtui jotain suurta sielun tai sydämen tasolla suuntaan tai toiseen. Vain kääntämällä huomion sisäänpäin voit saada merkityksen kokemallesi.

**Ethän jää yksin, jos tunnereaktiot ylittävät sietorajasi. Aina on olemassa ystävä, naapuri, sukulainen tai vaikka kaupantäti, joka voi soittaa sinulle suuremman avun, jos sitä tarvitset.**

Olet tunteidesi kanssa yhtä arvokas kuin kuka tahansa, eikä tunteita pidä arvottaa millään tavalla. Mikään tunne ei ole väärä, huono, hyvä tai oikea. Jokainen tunne on juuri se, joka sinun täytyy kokea juuri sillä hetkellä elämääsi.

**Tunteet siivittävät elämää, jota sinä juuri nyt elät.** Se ei silti tarkoita, että tunnekuohut tai ahdistavat kokemukset vain ovat ja jatkuvat eikä mitään ole tehtävissä. Ei sinne päinkään. Ne ovat asioita, joiden kanssa on tehtävä töitä oman itsensä vuoksi, jotta voi saavuttaa harmonian ja neutraaliuden eri tunteiden ja sävyjen kanssa.

**Etenkin sietokyvyn ylittävien tunteiden kanssa työskentely on tärkeää tehdä yhdessä ammattilaisen kanssa ja saavuttaa näin sellaisia kokemuksia omassa tunnekäytöksessään, että pärjää yksin vaikeammaltakin tuntuvien tunteiden kanssa.**

# Tehtävä

- Mitä värejä laittaisit elämäsi taideteokseen juuri nyt?

- Mitä sävyä voisit lisätä, jotta saisit lisättyä harmoniaa?

- Onko taideteoksellasi muotoa tai symbolia, joka houkuttelee?

Kokeile erilaisia variaatioita oman elämäsi kuvittamiseen ja toteuta niitä luomalla muutosta myös arkeesi.

Vain kokeilemalla voi löytää sen mitä etsii.

Esimerkki: Jos elämäsi näyttää sateenkaarenväriseltä sekasotkulta, tuo sinne ripaus vaaleita raitoja luomaan valoa tai pieni pala taivasta sinisen sydämen muodossa luomaan tasapainoa. Käytännössä tämä voisi tarkoittaa pienten ilojen tuomista arkeen ja niiden hyödyntämistä taiteessa, harrastuksissa tai työn teossa. Se voisi myös tarkoittaa pientä arjen rikkomista pois opitusta ja innoittaa kokeilemaan ja tekemään asioita eri järjestyksessä tai elävöittää siirtämällä niitä toiseen ajankohtaan.

Tartu siis siveltimeen tai väripaperiin ja saksiin ja innostu muotoilemaan elämäsi taideteos, jota voit muokata tai sävyttää kuten itse parhaaksi näet. Luovuus kulkee lähellä sielumme säveliä, joten sitä herättelemällä myös yhteys sisimpääsi herkistyy.

Muistiinpanoja:

LUKU 3

# Hevosen viisaus

Se polki jalkaa. Kavio iskeytyi uhkaavana lattiaan kerta toisensa jälkeen. Lihakset eläimen kropassa olivat jännittyneet ja sieraimet suurena se puhisi. Jännittyneisyys paistoi sen silmistä, kun sen koko massa huokui järjetöntä turvattomuutta, pelkoa ja uhkaa.

Värjötin tallin tukirungon takana pitäen kiinni narusta, joka johti hevoseen. Kavio takoi lattiaa, ja pelkäsin joutuvani sen murskaamaksi. Pelko ja turvattomuus työnsivät minut piiloon, ja koitin kuumeisesti miettiä, millä saan hevosen karsinaansa.

Keräilin rohkeuteni palasia ja pakotin itseni toimimaan. Kuin unessa, sydän pamppaillen, koetin muka rauhoitella isoa eläintä. Hiippailin karsinan ovelle toivoen, että se haluaa sinne syömään heiniään. Pelko ja uhka hevosen silmissä oli pistävää, ja turvattomuuden peili heijastui siitä silmiini salamana takaisin. Sitten uhka ponkaisi taas takaisin hevoseen, ja eläin syöksyi kohti minua. Se kuitenkin ohitti olemattomuuteni ja rymisti karsinaansa mutustelemaan heiniään.

Kamppailin järkytyksen ja epätoivoni kourissa. Vaikka sydämeni syke oli jo tasaantunut ja kehoni rentoutumaan päin, mieli jylläsi hurjana epäonnistumista, vaaraa ja avuttomuutta. Omistin hienon, massiivisen eläimen, joka nyt tuntui käyttäytyvän aggressiivisen uhmakkaana. Minä pelkäsin sitä.

"Sinä itse aiheutat tämän! Se on turvaton, koska et anna sille turvaa. Hevonen on sinun peilisi, ja nyt ei auta kuin katsoa peiliin ja todeta, että vain sinä voit itse muuttaa asioita itsessäsi!" kaikuivat hevoskouluttajan sanat päässäni.

Isku ja murskaus. Kouluttaja 1 ja minä 0. Avuttomuuden tunne iski veitsen sydämeeni, mitä säesti monta pikkuiskua epäonnistumiselta, pettymykseltä, pelolta ja surulta. Tunteet syöksyivät läpi koko kroppani ja iskivät tajuntaani sellaisella voimalla, että sitä saattoi joko kaatua tai saada siivet. Minä tunsin kaatuvani, vaipuvani pakotielle. Ei! Puolustautuisin, hyökkäisin, iskisin takaisin yhtä kivuliaasti ja yhtä musertaen.

Mutta kaiken sen tunnesopan sekamelskan kourissa jokin pieni ääni sisälläni kuiski antautumista. Se koetti huutaa avautumaan ja näkemään. Lopulta ääni hieman voimistui ja vahvistui, kunnes sain selvää sanoista. Ne osuivat lävähtäen suoraan kasvoilleni kirkuvin punin: "Katso peiliin!"

Sain siivet ja katsoin peiliin. Kuin olisin irtautunut nykyhetkestä ja taistellut tieni voittoon. Herännyt siihen voimaan, joka työnsi minut näkemään totuuden. Sillä sadasosasekunnilla saatoin sieluni silmin nähdä, kuinka hevonen polki pakokauhun vallassa jalkaansa taas turvaa etsien ja huhuillen keinoa sen saamiseksi. Samalla hetkellä näin itseni kasvamassa isoksi, jalat maassa olevaksi kallioksi, asettuen hevosen rinnalle. Sydämeni oli rauhallinen ja mieleni oli tyyni: en pelännyt enkä tahtonut paeta. En kokenut turvattomuutta, vaan nostin käteni hevosen kaulalle koskettaen ja hiljaa puhuen. Hengitin syvään, olin läsnä ja vain siinä, hevosen liikkeisiin mukautuen. Painoin silmät kiinni, hengitin ja kuuntelin. Rauhassa ja maadoittuen hetkeen.

Suljin oven huokaisten. Sydän rinnassani keikkui epätasaisena, ja adrenaliini jätti kehooni vielä kiivasta liikettä. Hevosen silmät puolestaan näyttivät nyt levollisilta korvien kuulostellessa vierustovereiden hiljaista heinän rouskutusta. Hevosen yksikään lihas ei enää pingottanut kireänä, eikä se näyttänyt lainkaan pelokkaalta. Se tuntui saaneen tasapainotettua olonsa neljän seinän ja lajitovereidensa turvin ruoan äärelle.

Hevosen syke laantui, jalka ei enää polkenut. Levollisuus laski eläimen silmiin ja kroppaan, ja lopulta kaikki jännitys katosi. Hevonen painoi päänsä kylkeäni vasten rauhassa, turvassa. Olimme yhtä, yhteydessä ja tässä hetkessä.

"Mä tajusin!" hihkuin.

Siitä lähti tie muutokseen ensin itsessäni, sitten hevosessani ja sitten koko elämässäni. Viisas eläin opetti minulle lopulta kaiken itsestäni, kun vain avasin aistini, havainnoin ja kuuntelin sen viisaita opetuksia.

LUKU 4

# Onnellisuus perustuu minuuteen

Onnellisuus lisääntyy näyttämällä ja tunnustamalla tunteet itselleen. Ne eivät ole häpeä tai pahe, vaan suuri rikkaus, joka on vuosisatojen aikana laottu melkein tabuaiheeksi. Tunteista ja tunteiden näyttämisestä on etenkin suomalaisessa yhteiskunnassa paljon harhaanjohtavia uskomuksia, joista ei tunnu pääsevän helposti eroon.

Meidän aikamme lapset ovat avainasemassa opettaakseen seuraaville sukupolville tunnetaitoja ja tunnetyöskentelyä niin itsensä kuin maailman kanssa. Suurimmalle osalle nykyaikuisia niiden harjoittelu tekee erittäin hyvää. Se on tärkeässä roolissa niin ihmissuhteiden kuin uranluomisenkin kanssa.

Maskuliinisen ajattelutavan uskomukset ja kulttuuri sammuttavat lasten ja etenkin poikien tapaa ilmaista itseään. Tällaiset uskomukset heikentävät kykyä surra tai ilmaista kipua, sillä jos itku tekee miesten maailmassa heikoksi, se väsyttää jokaisen varmasti vakan alle piiloon, eikä todellinen potentiaali pääse nousemaan koskaan siihen loistoon, mitä jokainen poika voisi Olemuksestaan ammentaa.

Tyttöihin kohdistuva täydellisyyden tavoittelu puolestaan hiljentää sisäisen palon sielun syvimpiin toiveisiin. Helposti tyydytään

36

vain siihen mikä juuri ja juuri riittää eikä uskalleta kuunnella sydämen hiljaista vaikerrusta rintakehän peitosta. Tai vastavuoroisesti suoritetaan elämä ohitse nauttimatta yhtään mistään.

Näiden uskomusten sijaan meillä aikuisilla on mahdollisuus saada lapset tunnistamaan omia tuntemuksiaan, ilmaisemaan omaa sisintään ja olemaan juuri se, joka kukakin syvimmällä Olemuksellaan haluaa olla. Näin saamme kitkettyä pois myös pienentävät elementit, kuten vääränlaiset olotilat tai riittämättömyyden syvät kuopat. Tärkeintä on kuitenkin olla juuri se, mitä on, ja tukea jälkikasvua elämään omana ainutlaatuisena yksilönään ikään, sukupuoleen tai kulttuuriin katsomatta.

Lasten Olemuksissa esiintyy lukuisat määrät ennakoimattomuutta. Sen vuoksi he tarvitsevat aikuisen ohjausta ennakointiin ja sen toiminnan toteutumiseen, jota heiltä odotetaan. Jos aikuinen itse unohtaa ennakoida, on lapselta turha odottaa toimia sen eteen, mitä aikuinen ei ole ymmärtänyt tai nähnyt. Sormi osoittaa aina aikuiseen, jos jokin ei toimi, ja siksi aikuisuuden toteuttamisessa on muutoksen portti, joka vie eteenpäin elämäämme maapallolla.

Jos aikuiset eivät osaa tunnetaitoja, eivät lapsetkaan opi koskaan sitä, mitä tarvitsisi välttämättä oppia. Sukupolvien saatossa tilanne katastrofalisoituu siksi, ettei enää ole sellaisia aikuisia, joilta olisi mahdollista oppia ne tärkeimmät opit ja esimerkiksi sen, että pettymyskin on tärkeä tunne, josta jatketaan eteenpäin uutta oppineena. Vanhemmuudessa liian kilttinä ja ystävänä oleminen ei ole perusta kummoiselle elämässä pärjäämiselle, sillä vain rajoilla ja tiukalla turvalla kasvatettuna lapsi kykenee rakastamaan itseään ja muita ihmisiä.

Turva ja rajat kielivät välittämisestä sekä auktoriteetista, joka puhtaasta rakkaudesta käsin koskettaa lapsen herkkää sielua merkiten pysyvyyttä, tukea ja hoivaa jokaisena hetkenä lapsen kulkiessa elämän kiemuroissa. Vain yksikin merkityksellinen kasvattaja voi luoda lapselle pohjaa, jonka jokainen tarvitsee elääkseen maan päällä kunniakasta elämää.

## Tehtävä

Pohdi seuraavia kysymyksiä:

- Voitko sinä olla se aikuinen, joka uskaltaa avata omat heikkoutensa, jotta voit nousta kasvattamaan omia tai toisten lapsia parhaiksi mahdollisiksi persoonikseen, juuri tällä planeetalla, omiemme joukossa?

- Voisitko sinä olla se, joka kykenee näkemään lapsessa sen, mitä kukin sielu syntymästään lähtien sisällään kantaa kulkiessamme Ikuisen Meren Vesiä onnen viitoittamalla tiellä?

- Voitko sinä uskoa elämään juuri sellaisena kuin sinä pohjimmiltasi olet Ikuisen Elämän Karttasi pohjalta, Olemus kirkkaana, valosi loistaessa itsesi kaltaisille olennoille?

- Mahdatko olla juuri sitä ja uskoa juuri siihen, mitä olet juuri tällä hetkellä ja mitä kirkkaudestasi käsin pystyt pimeydeltäsi löytämään?

*"Sillä turvattu on sinun polkusi niillä vesillä,*
*jotka itsestäsi löydät Ikuisen Onnesi Laaksosta*
*uskoen, luottaen ja uneksien elämäsi virran jatkumosta*
*niine hyvine elementteinesi,*
*jotka on sinulle suotu."*

*"Mikään mahti maailmassa ei sulje ovia tieltäsi,*
*jos et itse anna sen tapahtua. Siksi juuri sinussa piilee voima*
*ikuisesta heräämisestä uneksivien olemusten herättämiseen,*
*ja muutos on mahdollinen, kun löydät Ikuisen Virran Avaimet*
*oikeasta onnenkivestä oikealta löytyväksi.*

*Etsi siis oma oikea kivesi ja anna mielesi ja kehosi kulkea*
*juuri sinne, missä niiden oikea koti on. Näin takaat myös omille*
*lapsillesi oikean kodin onnen täältä ikuisuuteen*
*ja takaisin."*

Usko edessäsi olevaan kauneuteen ja kurkista jokaiseen peiliisi aina yhtä empimättä, tietämättä ja olettamatta mitään. Vastaukset saavat sinut yllättymään joka kerta ja oppisi elämästä kasvaa tuhansittain.

Sillä tyhjänä tauluna, vastauksia tietämättä, olet oppiva eniten.

## Tehtävä

Osaatko kertoa itsellesi, mitä odotat juuri sinulta löytyväksi? Kuule ja näe se sielusi kirkkautena ja anna lupa Kaikkeudelle kertoa lisävihjeitä sen toteamiseksi.

Mikään ei muutu jos mikään ei muutu, ja nyt on hetki pysähtyä tämän viestin äärelle.

• Mikä on oma muutoksesi kohti sitä, mikä on löytymässä sinusta itsestäsi juuri nyt?

LUKU 5

# Eläimet ja tunteet

*"Luonto tasapainottaa mielen työskentelyä"*

Tunteminen ei ole vain ihmisen yksinoikeus. Se on kaikkien elävien elämien oikeutettu tila, jossa jokainen on yhtä arvokas ja tasavertainen. Ihminen arvottaa usein itsensä ylimmälle portaalle, mutta kun katsomme ihmisen käyttäytymistä, siihen ei ole minkäänlaista perustetta. Milloinkaan eläinten hierarkiassa ei kukaan kohtele toista yhtä väärin kuin ihminen kohtelee toistaan, saati heikompiaan. Huutava vääryys paljastaa ihmisen köyhtyneen tunnetietoisuuden ja osaamattomuuden ilmaista itseään.

Seuratessani hevoslaumaa voin sanoa puhtaasta sydämestäni, että vain Johtajahevosen viisaudella se voi olla johtaja. Se ei tuomitse tai nöyryytä, se ei kiusaa tai kohtele kaltoin. Sitä vastoin Johtajahevosen tulee olla nöyrimmistä nöyrin ja täynnä pyyteetöntä rakkautta, jotta se voi huolehtia laumansa turvallisuudesta asettamalla laumansa jäsenet omille paikoilleen laumajärjestyksen mukaisesti jokaisessa siirtymässä, liikkeessä tai olotilassa. Se ei salli kenenkään vastareaktioita, jos laumaa uhkaa vaara tai jos se kokee toisen tekevän vääryyttä toista kohtaan. Se komentaa luottamuksesta, ammentaa rakkaudesta ja viitoittaa tietä kaikkein pyhimmälle eli sielukkaalle läsnäololle. Se takaa lauman turvallisuuden ja kunnioittaa jokaista yksilöä kokemuksestaan käsin miten se parhaiten taitaa. Heikoimpia laumassa suojataan eniten ja pienimmät saavat ruokansa ja juomansa etunenässä. Se tietää, se tuntee ja se vaistoaa kaiken hienovaraisimmistakin liikkeistä, äänistä tai eleistä lähtien. Sen ei tarvitse pitää meteliä itsestään, vaan se keskittyy olennaiseen: tähän hetkeen.

Jos tämän kaiken voi havainnoida vain seuratessaan hevoslaumaa, voi ehkä mielikuvitella sen tunnekirjon, mitä hevonen omaa sisällään. Jos silmät ovat ihmisen sielun peili, hevoset ovat ihmisen koko olemisen peili. Liian usein ihminen alistaa hevosen omien tunnekuohujensa tai uskomustensa vangiksi kahliten eläimen vapauden tuntea ja elää arvoistaan elämää. Liian usein ihminen tekee asioita tietämättään omien tunnetilojensa vaikutuksesta eläimeen ja syyttää siitä eläinraukkaa.

Mutta jos tässäkin tapauksessa ihminen osaisi kääntää katseen itseensä, hän voisi oppia ymmärtämään, mitä eläin peilaa ja mitä se kaikessa viisaudessaan voisi meille opettaa. Jos me osaisimme kuunnella!

Esimerkiksi: Aasi kertoo, että sen voimat ehtyvät Ikuiseen Virtaan, eikä elämä ole sitä, mitä sille on määrätty alkujaan olevan. Raskaat taakat sen selässä tekevät siitä kipeän, ja kipu kuormittaa sekä mieltä että kehoa.

Juuri kuten ihmiselläkin. Taakka on suurta, ja ihminen kerää sitä yllensä erilaisin vaatimuksin tai käskyjen alaisuudessa, kunnes tasapaino pettää ja ihmisen Olemus luhistuu. Taakka on liian raskas kannettavaksi.

Aasi ei keräisi ylleen niin paljon painoa, jos se itse päättäisi kuormansa. Se valitsisi viisaasti mitaten matkan pituuden ja vauhdin, eikä sillä olisi ainainen hoppu. Ihminen puolestaan ei ajattele tulevaisuutta muttei myöskään nykyhetkeä, vaan painaa kaasu pohjassa kuin viimeistä päivää suorittaen aina vain tehtäväänsä elämän jäädessä jalkoihin. Aasi ei valitse sellaista, ihminen valitsee, ja silti aasi on ihmiselle tyhmyyteen verrattu eläin. Herääkin kysymys, miksi ihminen on tehnyt aasista tyhmän peruskuvan?

Voisiko ihmisellä olla jokin ajatus siitä, mikä tyhmyyden määrittelee ja kuka sitä tyhmyyttä mittailee? Aasi tuskin ajattelee ihmisen olevan tyhmä. Ainoastaan ihminen nimittelee muita halventaakseen toisten asemaa.

Mikä mahtaa olla tämän toiminnan taustalla? Mitä sinä ajattelet?

Terveen itsekkyyden ja oivalluksen nimissä ajattelisin, että nimittelemällä muita ihminen hyötyy omista lähtökohdistaan sillä hetkellä, mutta pitemmän päälle siitä kertyy kannettavaksi painava taakka vihaa, katkeruutta, pelkoa ja aimo ripaus myrkytettyjä sieluja.

*"Ken uskoo laupeuteen saa onnensa omilleen,*
*nojaa kättä kupeisiin ja löytää tiensä maisemiin,*
*joit´ ihailee ja ennakoi, se ilon onnen mieleen loi."*

# Eläinten merkityksiä

*"Eläin yhteinen on se metsienkin.*
*Ei säälimättä voi se olla asemin,*
*jota ihminen uhkaa ja kipuun karkottaa,*
*vaan oppia saa se rakkaudellaan.*
*Anna eläin paran olla ja usko tulevaan,*
*voi eläimeltäkin oppia kunnioitustaan."*

Tutustumalla eläimiin ja niiden vahvuuksiin voit oppia ymmärtämään kaikkea sitä, mitä ne voivat meille viestittää. Katsomalla paremmin ja kuulemalla herkemmin saavutat tilan, jossa voit nähdä enemmän ja kuulla kirkkaammin. Tähän tilaan päästäksesi oma muutos kohti sisäistä rauhaa ja tyytyväisyyttä on avaimesi onneen.

Tarkasteluun olen ottanut erilaisia ja erilaisissa oloissa eläviä eläimiä, joiden viestit ovat selkeitä ja ymmärrettäviä, jos vain malttaa pysähtyä niiden äärelle. Eläimet ovat selkeitä tunne-elämän lähettiläitä, ja niiden tunteille on aivan yhtä suuri tila kuin ihmistenkin tunteille. Mikään tunne ei ole turha, ja siksi hyvä keino kuulla eläintään onkin tarkastella sen mielenlaatua ja käyttäytymistä arjessa. Jatkuvasti väsynyt tai ärtynyt eläin haluaa kertoa jotain vaivoistaan, mielipahastaan tai suruistaan. Ihmisen tehtäväksi jää siis vain kuunnella ja oppia, mitä eläin haluaa sanoa.

## Hevonen

*"On uljas jalo eläin ja oppia voit*
*sä nähdä sieluusi, sen kertomuksen koit.*
*Kuin huolet painuu maan jos unhoitat sen,*
*et oppia ei saa muukalainen.*
*Vartijana sielun se peilillänsä on,*
*kuulee kuiskun näyn, mitä sydän lohduton*
*voi tehdä sille salaa, jos pakoon ampaisee,*
*etsiä se saa ken rakkaan ansaitsee."*

Hevosen viisaus on syvää ja aina ymmärtäväistä toista eläintä kohtaan. Hevonen on pakoeläin, joka ottaa jalat alleen ja lähtee pois, jos jokin uhkaa sitä. Tasapaino auttaa hallitsemaan itseä jokaisessa kohtaamisessa luonnonvoimien kanssa. Ihmisen kanssa se ei voi muuta kuin taipua tahtoon. Siksi vain sinä voit olla avain sen parempiin oloihin hevosenomistajana, ratsastusharrastajana tai jopa ihan vain seuraajana.

## Karhu

*"Kuoma musta sielun on upea mahdissaan,*
*näkee kaiken, kuulee ja loistaa loistollaan.*
*Ken kukapa sen uskoo, kun näkee kuoman sen,*
*tappaakin se vois jopa meikäläisen.*
*Pyydä mahti apuun ja armoita se,*
*on onni sulla tae, kun rauhoitat ne.*
*Vie taso karvakuonon ja ammenna sen*
*voimainmahti luokse ystävyyden."*

Karhussa kerääntyy kokonainen voimainmittelö sen sielunelämälle. Se kertoo ja näkee metsän eri silmin kuin kukaan muu eläin. Metsä on karhun valtakuntaa, ja se haluaa hallita sitä vain ja ainoastaan kiertokulun mukaisesti, ilman vääryyttä, ilman sotaa. Kukaan ei voi viedä siltä mitään, joten se antaa muille tilaa kunnioituksella ja voimalla nimeltä rakkaus.

## Koira

*"Ken keppiinsä kajoo, se ikuisesti voi*
*olla murheen tae, kun ihminen karkeloi.*
*Arvosta mä en sun keppiäs lain,*
*sen nähdä sä sait, mä vihan kuoren sain.*
*On onni mulla läsnä syvän ystävyyden*
*ja onnelliseksi saan mun ystäväisen.*
*Rakasta mua lujaa, armosta vain,*
*saan kunnioitusta syvää, en kätke sitä lain."*

Koiran uskollisuus ansaitaan ainoastaan kunnioituksella ja ystävällisyydellä. Et saa koirasta armoitettua ystävää kohtelemalla sitä väärin. Anna itsellesi lupa nähdä koiran sielunpeiliin ja anna tilaa sille, mitä koirana olo vaatii: läsnäoloa laumalta, iloa, naurua, rakkautta ja muiden hyväksyntää. Kukaan ei ole koiraa parempi ystävä. Kaupan päälle saat ikuisen suojeluksen viitan, kun kohtelet sitä rakastavaisin ottein.

# Kissa

*"Kato hurmaan mä sut ja sanan sanon vain,*
*et onnesta voi sä paeta lain.*
*Voi onni olla läsnä kun arvostat mua,*
*mä hiiren, saaliin saan ja kunnioitan sua.*
*Syvä kehräys on merkki, jonka sul' mä jakelen,*
*kun kohtelet mua sä rakastaen."*

Kissaa luullaan usein yksinäiseksi sieluksi, joka tekee vain mitä tahtoo. Oikeasti se suuressa viisaudessaan tekee vain ja ainoastaan sille annettua elämäntehtävää. Hyvin ja rakastaen kohdeltu kissa seurailee iloisesti ympäristöään eikä pakene kaikkea muuta elämää ympärillään.

Omissa oloissaan kissa viihtyy vaikka kuinka paljon, mutta tämä ei tarkoita sen olevan erakko. Kissa kyllä elää yksin ilman kumppania tai laumaa, mutta sillä on paljon ystäviä ympärillään. Perheessä eläessään sen ystävät rajoittuvat perheenjäseniin, joten eiköhän se silloin ole ansainnut parhaan mahdollisen ystävyyden niiltä jokaiselta.

*"Älköön ottako kissaa se, joka ei ymmärrä rakkaudesta sanaakaan!"*


# Lintu

*"Lennä pilviin, pääsi paina.*
*Näe ilon liekki täynnä ja uskovaisen mailla*
*sä liidä kauas vapaus kera ystävyyden,*

*kuka matkaasi voi tulla kera kerjäläisen.*
*Loista ilo taivaan yllä, lennä luokses' mun,*
*näe korkeuksista syvä kuilu rakastetun.*
*Etsi ensin aamunkoitto ja kujerra kuu,*
*lennä avaruuden läpi ja sielu kupertuu.*
*Yli kansojen se liitää, yli merten, vesien,*
*ja sieluunsa se piirtää mäet metsät vuorien.*
*Ole onni läsnä aina ja lennä vapaana,*
*voit tuntea sen taian, sä tähtiin kurkota.*"

Linnun viisaudessa kaikki tuntuu pieneltä ja helpottavalta. Se on vapaa sielu, joka matkaa paikasta toiseen eikä takerru mihinkään väärään. Se innostuu elämästä, vapaudesta ja lajitovereistaan. Se herättelee aamua ilosta, elää hurmiosta ja mukautuu tuuliin. Mikään mahti ei voi riistää linnun rakkautta vapaaseen ilmatilaan, jossa se siipiensä alle saa tuulen ja ilmanvastuksen kokemuksen. Anna sijaa kaikelle elämälle, ja muista antaa lintusi lentää. Pelkässä häkissä nököttämällä elämä lipuu pois vain hetkisen ajassa.

## Kettu

*"Kato! Veikeänä kujeillen se mut metsään toi,*
*maille vuoriston se ali lehvien meloi.*
*Taittui se öisin miel' manner mullistuen,*
*sen saalistaes kutsun koin koppeloiden.*
*Kerää kettu meille vieheet ja tyystin keppostaa,*
*jos onni sulle nauraa ja metsään askeltaa.*
*Uskalla sä olla ja yksin herätä,*
*ei tarvi siihen ketään, joka sua vois evätä.*

*Anna rakkauden tulla ja oota rauhassa,*
*sä nähdä voit ketun yksin samossa.*
*Lataa akku täyteen ja lähde metsille,*
*näe merten suuri enne ja nouse ratsaille.*
*Vie poika polo sinne, mis´ kettu tallustaa,*
*näe laituri ja talo, mis´ häntä huiskahtaa.*
*Ei aikaansa voi elää, jos kaiken tuomitsee,*
*vain uskomalla valoon se onnen häikäisee."*

Ennalta arvattavassa kulttuurissa ketun häntä koristaa sen turhamaisuuden piirteitä. Ketun on varaa vain huolehtia itsestään ja omista pennuistaan, eikä se ei tee toisille pahojaan vain huvikseen. Jokaisessa kiertokulun eläimessä on se yhteinen piirre, että ne eivät tuhoa mitään tahallaan. Ketun viisaus on se, että "mikä tulee eteensä sen, ei kelju ole mahti meikäläisen."

**Kameli**

*"Kerron sulle kyttyrän kahden kantajast´,*
*ken kirkkaana loistaa, varkaan auttajast´.*
*Uskovainen ompi uneen parempaan,*
*se turmiossa kantaa ja yksin laahustaa.*
*Voi nähdä kurjan polun, kuivan aavikon,*
*ken uskoo läpi harmaan, se meidän luola on.*
*Ei anna armon voittaa, vaan uskoo syvälle*
*sen harmaan kiven mahdin voi voittaa väijylle.*
*Ei anna kameli sulle virtaa suoniisi,*
*jos annat kaiken olla ja tähtäät suojiisi.*
*Ei onni synny susta, jos uskot kameliin,*

*joka vettä sulle kantaa, mut luottaa varkaisiin."*

Kameli on uskollinen ja valpas olento, jonka kestävyys on vertaansa vailla. Se jaksaa kantaa taakkoja suuriakin matkoja, eivätkä sen jalat iskeydy mihinkään, mikä ei sitä voisi kannatella. Kamelin tasapaino ja olemus ovat sitä luokkaa, että ihminen on hyödyntänyt sitä vuosisatoja palveluksessaan. Mutta mikään eläin ei kestä mitä vain, ja kameli on yksi niistä, jotka tarvitsisivat helpotusta työllensä.

## Etana

*"Hidas jänne pieni se etanaisen on,*
*voi tulla tuska tielle sen oudon olion.*
*Anna laulusi soida sä kevään korvalle*
*ja uskosi sun saada onnen kirjoille."*

Etanat alkavat olla lähellä sukupuuttoa, eikä niitä saada minnekään suojaan niin kauan kuin ihmiset eivät ymmärrä, mikä etanan mahti ja hyöty on. Etanan tehtävänä on järjestää maan päälle yhteisö, joka tekee sen elämästä helpompaa ja olemuksesta rikkaampaa, sillä vain etanassa on olemassa hyve, jota muualla ei ole. Hyve on mielen voiman ote, joka ennustaa tulevaisuuden ilmoja. Annetaan etanalle mahdollisuus olla meidän viestintuojamme ja lauletaan vieläkin laulua, jonka opimme lapsena: "Etana, etana, näytä sarves, onko huomenna pouta?"

## Lammas

*"Kera tyynyn se lampaasta huttua saa,*
*mut onnensa kantaa se koirissaan.*
*Ei lähde ne luotaan kun palkkansa saa,*
*kun lampaita noita se saa paimentaa.*
*On lauhkea lampaan se muukalainen,*
*ken kätkeepi mies oman sydämen.*
*Lataa liekin se kruunun jot´ unhoita en*
*mä syvinkään lauhkea muukalainen.*
*Punoo runotkin se vuorille seppien*
*ja näkeväinen on syli lammasten."*

Susi lammasten vaatteissa on vanha sananparsi, mutta siinä on hiven totuuden mystiikkaa. Lammas on lauhkea, mutta sen voimana on osata ammentaa ilkeilyt ikuiseksi juoneksi ilkeilijöitä itseään vastaan. Lammas osaa väistellä lentäviä sapeleita juonessa mukana ollessaan. Sen kuolemisenkin taito on osa sen juonikkuutta, sillä pelästyessään sen voitto on usein kellistyminen kuolleena maahan.

## Susi

*"Rupes puremaan kera kaluhammastenkin*
*suden vainupi oli olo pois asemin.*
*Laittoi kruununsa syrjään ja sai suojella*
*se pientä ihmistä sitä, jonka sai lahjana.*
*Halus´ antaa se sielun, kodin karvassydämiin*
*ja loistetta saa kera suojelijain asemiin."*

Suden mahti on tullut selväksi ihmisille. Se on vahva ja hyvin us-
kollinen eläin, joka käyttää voimiaan suojelemiseen. Sudet ovat
levittäytyneet asumuksien lähettyville etsimään ruokaansa ja tais-
telemaan ihmisyyden hurjaa uskon ja puutteen tilaa vastaan. Su-
den mielessä liikkuu vain ja ainoastaan rauha maailman vuoksi,
johon ihminen tuntuu vastaavan tällä hetkellä vihalla ja tuholla.
Antaisivatko sudet ihmisille tilaa, jos ihmiset kääntyisivät katso-
maan itseään ja harkitsisivat tarkasti muutosta armollisimmiksi?

### Jänis

*"Astui esiin Kontulasta tuo jalosukuinen.*
*Pisti piiloon päänsä pienen se mahtijalkainen.*
*Teki onkaloita pesän, kääri hihat rullalle*
*ja lausui loitsut pienet se mesimättäälle.*
*Syntyi pupu tuhat ja rintain alle sen*
*tuo istui jänöpupu lailla kultahattuisen.*
*Risti pienen suunsa ja hiljaa hykersi:*
*'Sä ole mahti, voima, ja loistaa kansasi.'"*

Jäniksen voimissa on nähty sen maaginen kyky ennustaa tulevaa
ja tuoda onnea käpälillään jo aikojen alusta lähtien. Nykyään jänis
on eläin, joka saa pääosin elää vielä onnellisena pomppien mät-
täältä toiselle, eikä sitä uhkaa muu kuin normaali kiertokulku.
Mutta mitä jos sen kiertokulun kanavat tuhoutuvat? Mitä jos se
saa silloin edelleen vapaana pomppia paikasta toiseen ja lisääntyä
sille kuuluisalla tavalla? Onko sittenkin mahdollisuus, että susia

tarvitaan yhtä paljon kuin jäniksiä, jotta luonnon tasapaino ei järkkyisi? Pupuja täynnä loikkiva maapallo ei taida menestyä sen paremmin kuin nykyinenkään.

## Hiiri

*"Se istui päällä ladon ja sanoi meille niin,*
*'hiljaa tuli tähti ja lausui näkemiin'.*
*Se hiiri pieni pani kolikon huulilleen,*
*ja lähti kaunis palo sen rintain köyhilleen.*
*Tumma tuli paloi ja pintaa koristi,*
*se jalosuvun talo siel' aina myhäili.*
*Tän hymnin päälle lauloi se sulosävelmin*
*ja lausui sanat soivat korvan pyörteihin.*
*Niin lähti pieni hiiri, ja tuoksui keväälle,*
*laittoi pienen nenänsä ilon huulille."*

Hiiri edustaa eläinkunnan pienokaista ja sen maailmaa, joka elää ihan ruohonjuuritasolla. Usein ihmisissä alennetaan ne, jotka tekevät tärkeää työtä alimmalla kerroksella. Samoin näyttäisi olevan metsäneläimissä hiirelle käynyt. Ihmisen asenne hiiriä kohtaan ei ole kummoinen, sillä se mielletään tuholaisena, jolle ei ole annettu arvoa.

Arvo kuitenkin on suurempi kuin ihmiset edes ymmärtävät, sillä hiiren mahti on aina ollut ja tulee olemaan se, mikä juuri pelottaa ihmisiä: tuhoaminen! Hiiren tuhotyöt kuitenkin liittyvät vain satoihin tai muuhun elämään silloin, kun jokin kasvaa liikaa tai ei ole suotuisa kasvamaan juuri kyseisellä alueella. Hiiren voimassa korostuu tietämys siitä, mitä täytyy tuhota. Ihmisen kuulo niitä kohtaan ei ole vielä auennut, mutta kuuntelemalla hiiriä voisi oppia vaikka kuinka paljon sadon kasvattamisesta, korjaamisesta ja siitä, mitä se vaatii.

## Leijona

*"Vahva tuliharja se hihkui keväälle,*
*toi vesi tumma meidät veden äärelle.*
*Se hohti syvää kultaa ja veisun siivitti,*
*jalosuvun herraa se vaivoin miellytti.*
*Tuliharjan hehku se liian pöyhkee on,*
*ja loiste tumman veden sen päällä mustin on.*
*Ei asetu se nöyräin palvelijaksi lain,*
*vaan saattaa roiskii tummaa se äyskäreistään vain.*
*Kun kiilto turkin haihtuu, se vihreeks' levittyy,*
*ja vesi hohtaa mustaa, sen kiilto jähmettyy.*
*Ei näy kultaharjaa, vaan kiillon varjoon jää*
*se sysimusta mieli, kun kullan menettää."*

Nöyryydessään leijonan sukulainen on se, joka eniten kumartaa heikompiaan. Ei turhaan kuninkaanakin pidettyä leijonaa ylistetä maailman kauneimmaksi ja kovimmaksi soturiksi, sillä leijonassa yhdistyy voima, viisaus ja nöyryys tavalla, josta me ihmisetkin voisimme ammentaa eväitä uuteen suuntaamme. Koskaan ei ole varmaa, jatkuuko leijonalla oma elämä saalisretkillään, mutta se jokaisella solullaan huolehtii laumastaan ja sen turvallisuudesta. Se huolehtii sille ruoan kiertokulun mukaisesti, mutta turhaan se ei valtaansa käytä mihinkään. Olisi järkevää ottaa oppia tällaisen eläimen mahdista ja opetella kunnioitusta ja armoa nöyryydestä käsin.


## Vesisika

*"Kun hurskas olla voisin, mut ketoon kompastun,*
*ei olis syvyys varjon kuin metrin päälle mun.*
*Kun polttaa koston liekki, ei luvut aukene,*
*vaan peninkulman viesti on 'juokse, pakene'.*
*Ei nouse kumpu soiden, se hiljaa vaikertaa,*
*ja vaahto tumman liekin kuin usvaa nukkuvaa."*

Vesisiassa yhdistyvät kunnioituksen ja nöyryyden huiput kuten leijonassa, mutta sen elementtinä on vesi. Se on vedessä elävä olento, joka uskoo parempaan luoden itselleen joka päivä uuden kylpymahdollisuuden mistä tahansa vettä sisältävästä notkelmasta. Kekseliäisyys ja armoton himo veteen ei kuitenkaan ylitä sen onnea tuovia elementtejä, vaan se punnitsee hartaasti, milloin vettä pitää olla myös juomaksi laumalle.


## Peto

*"Laaka metsä, Suopolku,*
*Kantamisen Peninkulman, Laatokkain*
*se käveleepi yli soiden ja maiden, metsien."*

*"Se kiitää halki preerian ja saalistellen liikkuu*
*kuin Unimaiden Villinä se kommervenkein kiikkuu.*

*Antaa mäille tuhansin se kilometrin mittaa,*
*eikä vähiin käydenkään nyt juuri muusta piittaa.*
*Ei auta aulis kutsuma, vaan onnee sumutellen*
*se mäen päälle kipuaa ja kuiskaa leikitellen.*
*Ei näy sun harjasta, mut onnen sulta saamme,*
*ei auta armas väistikka, vaik' lempein lehdon jaamme."*

Kenpä olisi ajatellut, että ihminen on tässä rimpsussa viimeisenä ja nimeltään Peto. Se on vahva ilmaisu ennen kaikkea ajatellen lapsia ja nuoria, mutta maailma niittää mitä kylvää. Tässä vaiheessa kaikkein kovin viesti kuuluu aikuisten suuntaan, jotka vastuullaan ja hurjilla taidoillaan voisivat kääntää muutoksen suunnan palvelemaan elämiä vielä tulevaisuudessakin. Kukaan ei voita sitä mahtia, minkä ihminen voi yhteisöineen painaa tulevaisuuden ilmastotekojen, eläinsuojelun ja lasten kasvatuksen piirissä.

Eläimen merkitys korostuu jokaisessa, joka yltää ajattelemaan itseään ja ihmisyyttään Maailmankaikkeudessa. Se kertoo kyvystä aistia elämää ja havainnoida tulevien elämien mahdollisuutta jokaisessa luontokappaleessa. Elämä on täynnä erilaisuutta niin eläimissä kuin ihmisissäkin, ja eläin voi opettaa ihmiselle kaiken sen puhtain sydämin korostamatta itseään tai palvelujaan enempää kuin on tarvis. Turha hyökkäily ja vilppi eivät kuormita eläimen euforista elämää, vaan se ilmentää olemassaoloaan hyväksyen, rakastaen ja kunnioittaen jokaista elämää yhtä suuresti.

Lannistumattomuus näkyy vahvana jokaisessa yksilössä siihen saakka kuin häntä ei ole kohdeltu väärin tai armottomuuksin. Anna eläimelle mahdollisuus vaikuttaa kuuntelemalla ja hyväk-

symällä se rikkautena elämien ketjuun, vaikka itse olisit kadotta-
nut oman sielusi elämän edessä tyhjyyteen. Käännä katselmus
vain itseesi ja etsi vastaus syvimmältä Olemukseltasi, sillä vain se
voi sinua auttaa.

# Tehtävä

Pohdi, mitä seuraavat asiat ja kysymykset merkitsevät sinulle.

Vapaana virraten vesi soljuu vuoristoissa, solissa, joissa ja järvissä. Kahlittuna sen voima peittyy äärettömään pauhuun, joka kumpuaa sen syvimmistä syövereistä vapaudenriiston seurauksena. Padottu vesi tekee valloille päästyään voimakkaita tuhoja empimättä ja katsomatta uhrejaan.

- Miten sinä voisit estää tällaisen padon syntymisen omassa elämässäsi?
- Entä maailman vesiä miettiessäsi?
- Voiko kukaan yksin päättää vesien padotuksesta?
- Mikä muutos sinussa tarvitaan, jotta uskoisit toisin?

LUKU 6

# Luonnon hoitava voima ihmismielessä ja tunnesäätelyssä

Luonto tasapainottaa ja rauhoittaa, se maadoittaa ja voimauttaa. Olemalla luonnon kanssa yhtä saat kokemuksen erilaisista voimista tai hengistä, kuinka nyt luonnon miellätkään omalla kohdallasi.

Luonto vie enemmän juurillesi kuin mikään muu paikka ja tarjoaa mahtavia puitteita tutkia omia sisäsyntyisiä Olemuksen vääristymiä ja uskomuksia. Kun luonto herättelee omaa versoamistaan keväällä, ihmisessäkin syntyy aulius kehittyä luonnon normaalin kiertokulun mukaiseksi.

Kun **kevät** puhkeaa talven jäljiltä, heräät pimeyden ja kylmyyden talvihorroksesta kuin automaattisesti. Lisääntyvä valon määrä sukeltaa sieluun ja tunteisiin herättävällä voimalla ja jakelee muutoksen mahdollisuuksia monin värein, valoin ja kirkkauksin kuin tarjottimella.

Ihmisen biologia toimii kuten muidenkin eläinten, joten sisäinen biologinen kello kääntää joka kevät sivun uudistumisen, kasvun sekä kehityksen mahdollisuuksiin. Jokaisen tunteen ja tuntemuksen tuoma sävy saattaa erottua talven väreilystä. Kevät tekee sinusta ja tunteistasi luonnostaan voimallisempia. Keskity siis hyvään ja virkistävään kasvuun jo valmiiksi, kun kevät kukkii juuri sinun ajassasi.

**Kesä** puolestaan työntää jo versotut juuret syvälle maahan sekä vesat pientareelle ja kohti taivasta. Se ruokkii siementen ja nuppujen koteja maan tarjoamin ravintein ja korostaa pystypylväitä vihreillä kukkaköynnöksillä joka hetki runsaammin ja runsaammin. Auringonvalo ja lämpö lisäävät versojen viihtyvyyttä, ja kesäsade kastelee niittyjä tai metsiä juuri sen verran kuin on tarvis, juuri sillä hetkellä kuin kuuluukin. Sama tapahtuu ihmisyyden kesässä. Kevään versot ovat kasvaneet mittaansa ja muutos on jo jonkin sorttisesti alkanut toimia arjessa ja elämän pyörityksessä.

**Syksyllä** lakastutaan ja päästetään irti. Luonto herää suruvaippaansa värikkäiden vaiheiden myötä, ja silti se iloitsee jokaisesta pienestä eleestä, jonka Maailmankaikkeus sille tarjoilee kulloisenakin syyspäivänä. Ei se valita märästä tai koleasta, ruskasta tai loskasta. Se kiittää kesän hedelmistä ja sadoista, joita myös ihmiset ja eläimet hyödyntävät. Se kiittää kaikista kestävyyden ja kosketuksen alkulähteistä ja sallii muutoksen jälleen tapahtua. Se ei jää kiinni vanhaan tai murehdit menneiden päivien olomuotoja. Se vain pitää kiinni hetkestä kerrallaan ja sopeutuu siihen mitä tuleman pitää.

Samoin on eläinten kohdalla. Ne sinnikkäästi alkavat valmistella itseään **talvikauteen** kukin tyylillään ja tavoilleen uskollisina mukisematta tai valittamatta elämän synkkyydestä tai holtittomuudesta. Pimeyden aika saapuu juuri oikealla hetkellä, ja valon määrän vähetessä pimeyden tuoma hajonta seuraa oikeaa aikakauttaan levon ja merkityksellisen vetäytymisen vaippaan.

Talven tyyssijassa merkitys lepää horroksen, talviunien ja merk-
kipaalujen kohdissa, jolloin kunkin elämä tietää, milloin sen kuu-
luu syödä, juoda, synnyttää poikasensa tai etsiä ruokansa. Vain
ihminen on se, joka seikkailee elämänsä harjalla valitellen tuntei-
taan ja olotilojen muutoksia. Se on ainoa elämänlaatu, jolle muu-
tos tuntuu olevan raskas taakka. Jos ihminen ei ole valmis hyväk-
symään elämän luonnollista kiertokulkua, pahimmassa tapauk-
sessa hänen vastustelunsa vain lisääntyy, kun hän käy vanhem-
maksi iän ja eteenpäin ponnistelun seurauksena. Näin taakastakin
tulee yhä raskaampi.

**Oletko koskaan pysähtynyt seuraamaan vaikka muuttolintu-
jen etappia pitkällä lentomatkalla? Ne yhteistyössä vaihtavat
keulavetäjänsä ja marisematta matkaavat taas sen sata kilo-
metriä, kunnes vaihtavat jälleen. Yhtäkään yksilöä ei jätetä
heitteille, vaikka se ei jaksaisikaan olla vetävänä keulana,
vaan se sijoitetaan muiden siipien suojaan, juuri sille paikalle,
missä ilmanvastus on kaikkein suotuisin.**

**Määränpäässään ne syövät yhteisen ateriansa, kunnes jälleen
nousevat siivilleen mukisematta, vatsat täynnä, levänneinä ja
huolehtien kumppaneistaan. Koskaan ei kenenkään tarvitse
jäädä matkasta vain siksi, että olisi heikko, epäkelpo, surulli-
nen, peloissaan tai altavastaajana. Vain parven tuoma turva
ja psykologinen herkkyys mahdollistaa jokaisen yksilön pää-
semisen lopulliseen päämääräänsä yhteisönä, ei vain yksilönä.**

Voimme ottaa mallia jokaisesta eläimestä tarkkailemalla ja ha-
vainnoimalla sekä luottamalla ja uskomalla siihen, mitä luonto
määrittää ja mitä ihminen kaipaa syvimmillään. Ilman eläinten ja

luonnon suomia oppeja ihminen ei olisi mitään, vaan hän olisi tuhonnut planeettamme ajat sitten. Onneksi luonnon mahti on saatellut kaiken juuri niin, että ihmisenkin on taivuttava seurailemaan luonnollista kiertoa, kaikkea sitä, mitä kunakin vuodenaikana tai vuorokaudenaikana kulloinkin tapahtuu.

Ihminen on ainoa eliö, joka kaiken voi lopulta tuhota piittaamattomuuttaan tai sydämettömyyttään. Oppien puhjettua kukkaan jokainen yksilö voi valita tehdä oikein elämän tai luonnon kannalta. Jos ei muiden niin edes itsensä hyväksi.

# Kipukyynel

Se painoi päänsä syliini, painavana ja väsyneenä. Kuin tahtoisi luovuttaa, sanoa, ettei enää jaksa. Ja että silti kaikki on hyvin.

Tuska nousi hevosen silmiin aaltoina ja kipu sai sen liikehtimään levottomana, nostamaan pään taas pilviin, levittämään sieraimet suuriksi. Hikikarpalot noruivat pitkin sen vahvaa kaulaa myötäillen sen linjakkuutta. Eikä se päästänyt ääntäkään.

Adrenaliini jylläsi eläimen rinnassa, jossa sydän takoi kiivaana ja särkyvänä. Silmissä sammui elämä, väistyi tieltä ja säkenöi hulluuden partaalla.

Lääkeruisku upposi sen märkään karvaan. Ennen niin tukevasti neljällä jalalla ylväänä seissyt eläin takoi kavioitaan nyt kiivaana ja levottomana, liikutellen niitä hysteerisenä ja avuttomana. Tuskan noustessa sielusta silmiin talutin sitä puhkuvan, apua anovan hevosen ulos. Sen sieraimet hohtivat punaisina, suurina, kuin henkeä haukkoen. Askel askeleelta se seurasi perässäni yrittäen hallita kipujaan viemällä huomionsa niistä liikkeeseen, kuten toivoin, katsellen edes vähän ympäristöään. Se hytisi, kimpoili ja elehti tuskaisena. Mutta se luotti apuuni, seurasi ja kuunteli liikettäni. Se aisti sielujemme yhteisen sävelmän ja luotti elämänsä käsiini.

Liikkeestä, lääkkeistä ja toimenpiteistä huolimatta hevosen elämä jatkui valumistaan poispäin, pikkuhiljaa.

Elämä pakeni ensin silmistä ja pisaroittain siirtyi muualle. Tuska repi elämää irti kuin riivattu ja tyhjä hulluus sekä epämääräinen kuoleman kiihko vilahteli läpi sen sielun. Eläinlääkärin sanat kaikuivat päässäni ja sinkoilivat kuin luodit sydämeeni tuottaen viiltävää kipua.

Eläin luotti minuun. Se nojasi olkaani vasten ja pyysi viimein ratkaisua. Se ei jaksaisi enää taistella, ei unelmoida. Se pyysi armoa, apua ja kunnioitusta elämälleen.

Sydän raskaana kunnioitin. Annoin rakkaalleni lahjan ja päästin sen irti loputtomasta tuskastaan. Annoin armon käydä oikeudesta päästäen ystäväni taivaan uniin.

Julman olennon toiminnan seurauksena eläinystäväni joutui kantamaan sen sielun mustaa taakkaa oman elämänsä hinnalla, enkä voinut tehdä mitään auttaakseni sitä. Minulla oli kuitenkin mahdollisuus pelastaa sen sielu, antaa hevoselle ikuinen lepo, rauha, pyyteettömän rakkauden osoitus. Päästää irti ja antaa sille se, mitä se oli viimeisenä toiveenaan pyytänyt ja mihin se oli luottanut: saada sulkea silmänsä viimeisen kerran, elää ilman tuskaa ja rakastaa.

LUKU 7

# Ihmisyyden äärellä

Elämällä vain muita varten ihminen unohtaa omat tarpeensa ja ohittaa tärkeät tunteensa. Tunteiden kanssa toimeen tuleminen vaatii nimenomaan oman tunnehistorian tuntemista ja sen läpikäymistä sisimmän kautta, ei ulkoisen eli muiden kautta.

Ongelmaksi kehkeytyy ennen kaikkea kyltymätön kyvykkyys aiheuttaa vain tuhoa huomaamatta hyvyyden seisovan jokaisen oven takana kolkuttelemassa kultaisen tarjottimensa kera. Ei se ehkä riitä kenellekään hetkellisen mieliteon jäljiltä, mutta jokaisessa ihmisessä asuu se Viimeinen Mohikaani, joka edes yhden kerran elämässään haluaa taistella hyvän puolesta. Toisille se tuntuu olevan altruistinen elämäntehtävä, toisille itsekästä oman edun tavoittelua, joka tekee vain vihaiseksi tai uuvuttaa sydämettömäksi.

Kukaan ei miellä helposti asioita omalle kohdalleen oikeiksi kulkematta sisimpänsä kautta, mutta jokaisella tuntuu olevan tarvetta vain saada enemmän ja enemmän. Mitä ihminen sitten ikinä tahtookaan, ei se ole huonoa. Mutta maailman pyörityksessä loputtomalla tahtomisellakin on oma energiakattonsa, jonka puitteissa ihmisen tarpeet joko täyttyvät tai täyttymättä jäädessään kääntyvät vääryydeksi itseä kohtaan. Jokainen tarve vetää tunteet mutkikkaalle tielle jokaisessa tunnepurkauksessaan, ja silti jokaisen tunteen tarkoitus on vain tasapainottaa sielun todellista perimää. Purkaukset jatkuvat, kunnes perimä on tasapainottunut täyteen mittaansa.

Tunnereaktioiden taustalla lienevät erilaiset kuormien ja uskomusten kokoamat verhokkeet, jotka jonakin päivänä saavuttavat täyden mittansa. Sinä päivänä verho repeää ja kaikki valuu tuhkana maahan uudistaen ne tai verhoten ne uuteen lukumattoonsa. Maton väri voi muuttua, mutta sisällölleen se ei ole saanut edelleenkään tasapainoista vastinetta, joten jatkumo purkauksille on jälleen taattu.

*"Synnytä kirkkauden tähti
ja vaienna jokainen kehon tai mielen oikku,
joka antaa sinun musertaa itsesi synkimpiin vesiin."*

# Universaali herääminen

Jokaista vuorovettä seuraa aina aurinko, niin kuin jokainen tunne on ohimenevä ja aina hyväksyttävissä. Se ilmentää vuoroveden tarvetta näyttää, kuinka kuu ohjailee ja kuinka aurinko kuivaa surut jokaisella säteellään hellien, rakastaen ja toivolla täyttäen. Luonnon ihmeelliset elementit viihdyttävät meitä kosketuksellaan, mutta harvoin huomaamme, miten vaikuttava luonto on kauneutensa ja onnesta uinuvien untuvikkojen lisäksi. Sellaisia elementtejä ei kannata sivuuttaa hyviksi havaittujen rauhoittumisen ja meditaatiohetkien lisänä, sillä ilman luonnon hoitavaa vaikutusta ihminen ei pysyisi järjissään saati ihmisyyden elementissään.

Ihmisyys on osa luontoa ja luonto on osa ihmisyyttä. Tunteet ovat kietoutuneita energiahiukkasia ja aina sidoksissa luontoon, eläimiin ja Maailmankaikkeuteen. Kaikki on ympärillämme koko ajan, eikä asia muutu, vaikka ihminen tekisi mitä. Jostain se aina ponnistaa tulevaisuuden alkulähteensä, ja jos se ihmisyyden tuhoon syöksemänä viimeisenä keinonaan räjähtää, se räjähtää, ja uusi elämä alkaa taas muualla. Maailmankaikkeuden energiassa on sellainen ponne, ettei sitä pääse muuttamaan, ei ihmisenä eikä minään muunakaan olentona. Mikään mahti maailmassa ei vaivu sen tahtoon, joten ihmisyyden muutoksessa oleva syvä kaipuu on ainoa avain onneen ja elämän jatkumoon maapallolla.

Herääminen tarkoittaa syvää uskallusta nousta pois syvistä uskontojen tuomista pakkoajatuksista, uskallusta yhdistää voimat sen syvän ja tärkeimmän eli rakkauden kautta. **Rakkaus ja valo ovat elementtejä, joihin myös ihminen yltää hyvyyden työssään.** Jokaisessa ihmisessä elää jokunen valonsäde jo valmiina, joten ladatessamme positiivista energiaa yllemme myös maailma kiittää meitä hyvästämme.

Haluammeko siis pysyä pinttyneiden uskomustemme vankeina ikuisesti? Jos emme avaa silmiämme edessämme olevalle tuholle, on räjähdys ainoa keino kukistaa viha. Samalla lapioimme onnemme turmioon. Eläinten kärsimyksen seurauksena on meidän vastuumme herättää kaikki ihmiset ja kertoa mitä tulevaisuudessa tapahtuu. Se on ainoa keino. Onnettomuudet ja kulkutaudit ovat useimmiten olleet Maailmankaikkeuden keino kertoa ihmisten julmuudesta tai onnettomista kohtaloista. Sen auttamaton seuraus on väestön miinusmerkkisten lukujen tuottaminen. Kun ihminen tuhoaa, myös maailma tuhoaa. Tsunamit, sairaudet, metsäpalot, kaikki energiakenttiemme vihan lopputulokset, jossa Kaikkeus pelaa kohtalopeliä auttaen vain kykenevimmät eteenpäin.

Joskus Maailmankaikkeus lakkaa olemasta kiltti ja muistuttaa kovalla kädellä juuri meitä, ihmiskansaa, siitä mitä tuleman pitää. Ei se luovuta viime metreillä, jos emme aio herätä. Se taaplaa tyylillään viimeiseen saakka yrittäen pelastaa meitä tuholta. Ihmisten itsekkyys ruokkii vain tuhoa, joten koronan tai jatkuvien uusien muunnoksien on tarkoitus herättää meitä näkemään todellinen hätämme.

- Onko kukaan tähän herännyt?

- Kuka kantaa kehtoa, jos mieli ei salli tapahtuvaa muutoksen seulaa?

71

Muutosvalmius heräilee ihmisyytemme hyörinässä niin työpaikoillamme kuin luonnon hoitamisessakin. Jokaisella on oma paikkansa, mutta tuntuu, ettei kukaan oikein tiedä, mikä kenenkin paikka on.

**Olisiko syytä aloittaa nyt ja varata itselleen aikaa selvittää oma valmiutensa muutokseen ensin itsessä ja sitten elämässään, minkä kautta myös maapallo saisi hyvää osakseen?**

# Havainnointi

Havaitsemalla ympäristöäsi voit luoda tunteillesi erilaisia energioita, sävyjä tai tiloja. Mitä tarkemmin pystyt kuulemaan omia sisäisiä viestejäsi, sitä paremmin havaitset myös omia tunteitasi, sävyjäsi tai halujasi.

Nähdyksi ja kuulluksi tuleminen on yksi ihmisen perustarpeista. Ne tuovat esiin erilaisia tunteita. Kiitollisuutta osoittamalla saat itsellesikin paljon hyvää ja lisäät onnea elämässäsi. **Arvostamalla itseäsi positiivisuus lisääntyy ja osaat arvostaa myös ympärilläsi olevaa elämää.**

**Lisäämällä arkeesi vahvuuksiesi luomia elementtejä vahvistuu oma voimasi ja energiakenttäsi laajenee.** Kuuntelemalla ja havainnoimalla ympäristöäsi opit paljon, ja tarkkailijan rooli myöntää sinulle turvallisen näkökulman omienkin tunteidesi tarkkailuun. Kun sallit itsesi kuulla, nähdä ja havainnoida, myös sinulla on suurempi todennäköisyys tulla kuulluksi ja nähdyksi. Tämän myönteiset vaikutukset omiin tunteisiin ovat läpitunkevat ja merkitykselliset.

**Merkityksellisyyden kokeminen onkin yksi elämän lähteistä, joka jaksaa kantaa vaikeimpienkin tunneryöppyjen halki.**

Maailmankaikkeuden tiellä syntyy miljoonia tunteita, jotka ohjailevat ja viitoittavat tietä. Sen päämääränä on tehdä ihmiselle selväksi, millainen on ihmiskokemuksen maailmantila, ja korostaa yksilön tietä omalla polullaan. Ihmisen kokonaiskuvassa kaikella on aikansa ja paikkansa. Myös tunteet ovat yksi osa suurta kokonaisuutta, kun heijastetaan elämää Taivaan Valtakunnassa aina Maailmankaikkeuden syliin ja sieltä yhteiseen maapallon elämän virtaan.

Jotta jokaisella eliöllä maan päällä olisi hyvä olla ja elää, ihmisten käsitys tunteista ja niiden vaikutuksesta tulisi muuttua sellaiseksi, että niiden kanssa eläminen helpottuu. Tämä muutos lähtee ihmisen sisimmästä. Maailma antaa mahdollisuuksia ja tarjoaa tukeaan omaan tunnetyöskentelyyn muistuttamalla vaikeista kokemuksista tai tunnereaktioista. Silloin sinulla tulisi olla avaimet toteuttaa omaa vastuutasi ja huoltaa tunteidesi mittakaava sellaiseksi, että saat kokemuksen onnistumisesta, hyväksytyksi tulemisesta tai autuuden merkityksestä. Katso aina suuntaan, joka kertoo, miten työskentely olisi turvallista ja sujuvaa; **antaessaan saa, kadottaessaan löytää,** kuten Franciscus Assisilainen on todennut vanhassa rukouksessa jo vuosisatojen takaa.

Unohda sellaiset asiat kuin piina itseäsi kohtaan tai uskomusten ylitsepääsemättömyys, ja kohdista kaikki voima itseesi joka solulla. **Hae apua ja etsi työkaluja itsellesi kirjallisuuden tai terapiaistuntojen parista. Kaikki apu on arvokasta, mutta halu työstää itseä on sinun valintasi.** Valinnassa kannattaa ottaa huomioon oma terveys ja hyvinvoinnin kokonaiskuva, jotta myös tunteet, tarpeet tai halut saadaan sellaiselle polulle elämäsi jatkumolla, että sinulla on hyvä olla ja olet kattava osa elämän kiertokulkua tässä ja nyt.

Eläimet tarvitsevat sinun kaltaisiasi ihmisiä kuulemaan ja näkemään heidän yltyvää tuskaansa huonosta kohtelusta. Lapset tarvitsevat vanhempiaan ja kasvattajiaan, joiden tulee hankkia tarvitsemaansa apua, jotta tietous lisääntyy ja ulkopuolelta tuleva paine helpottaa.

**Kaikki vastaukset löytyvät aina ihmisestä itsestä, eikä mikään muutos tule onnistumaan ennen kuin ihmiset valveutuvat muutokseen juuri itsestään käsin.**

# Apu on lähellämme

On rohkeutta nähdä kaikki sisällänsä myllertävät asiat sellaisena kuin ne ovat. Hyvin usein **valmennus, terapia tai niiden yhteissumma on jotain mitä työyhteisöt, neuvolat, kuntasektori yleensä, seurakunnat, eläinten omistajat ja lasten vanhemmat kaipaavat.** Niillä parannetaan ihmisten sisäisiä mielikuvia elämästä ja sen merkityksestä tai kantavuudesta. Silloin mikään mahti ulkopuolelta ei syökse tunneskaalallaan ketään turmioon, vaan jokainen saa nauttia oman työnsä hedelmiä omassa autuudessaan, luovuudessaan ja rauhassaan.

Pimeyden hetkellä jokaisessa on puolia, jotka kumpuavat pahuuden, kierouden tai herkkyyden tummumisen pisteistä. Ne ovat osa ihmisyyden kehää. Ei ole valoa, jos ei ole pimeyttä, ja niiden suloinen tasapaino on jokaisen saavutettavissa.

Pimeyteen liittyy kiehtovuutta, taikaa ja magiaa, jotka kumpuavat ihmisen sisäisyydestä koskettaen hänen taitojaan ja pakanallisia hyveitään. Kieltäessään nämä osat itseltään ihminen syöksee itsensä enemmänkin tuhoon kuin valoon. Tunnustaessaan ihmisyytensä kaikki koukerot ja tarkastellessaan jokaista mustaakin piirrettään rakkaudesta tai valosta käsin mustakin saa valoa, ja näin ollen valo lisääntyy päivä päivältä. Se ei vaadi kuin toistoa ja uskomusten karistamista. Mutta jos ihminen ei tiedä omista uskomuksistaan, ei hän ole kyvykäs suureen muutokseen elämässään.

On tärkeää ymmärtää, mikä jarruttaa, pidättää tai estää omaa muutoksen polkua ja mikä taas puolestaan suosii sen toteutumista. Uskolla on suuri sija jokaisen elämässä, ja sen tuoma autuus ja luottamus Maailmankaikkeuteen sekä syvimpään itseen saa voimaan paremmin ja olemaan osa muutoksen täydellistä kokonaiskuvaa. Ei anneta kenenkään tulla sovittelemaan oman elämämme mörköjä pimeydestä käsin. Valo ja tunteet ovat ne työkalut, joilla pääset pitkälle harjoitellessasi elämän tärkeitä autonomisia, riippumattomia säkeitä ja sikermiä.

Musiikki on yksi tehokkaimmista tavoista työskennellä tunteiden ja tunnesäätelyn parissa. Sen tuomat värähtelyt saa ihmisen vesiatomit liikkeelle ja tunteet sitä kautta heräämään. Joskus on hyvä vain hiljentyä kuulemaan, miten kuu ja tähdet tanssivat avaruuden loisteessa, vaikka siellä on aina pimeää. Kysymys onkin värähtelyn taajuuksista ja unelmien täyttymisestä juuri niillä taajuuksilla, missä valo loistaa kirkkaimmin.

Uskon ja toivon kautta jokainen kokee varmuutta omalla tiellään, ja jokaisen uskolla tai toivolla saa olla juuri sellainen tapa ilmetä kuin itselle on parasta. Olemalla juuri sinä löydät sinulle sopivat tavat toteuttaa toiveesi, haaveesi tai unelmasi niin, että sinä ja sinun elämäsi näyttävät juuri sinulta. Nämä seikat korostuvat aina, kun innostut jostain tai onnistut löytämään itseäsi miellyttäviä asioita ilman pakkoja, ilman toistuvia pettymyksiä tai uneksiessasi pilvenhattaroista.

Mutta jos jatkuvasti itse estät itseäsi, et koskaan saa olla sitä mitä sinä oikeasti olet. Vaikka on kuinka vaikeaa tai ylitsepääsemätöntä, ei pimeys saa valtaa, jos luotat kykyysi olla ihminen. Ei mies tai nainen, ei konttorikissa tai kuningas, vaan ihminen.

77

Ihmisyys on se, mistä käsin omaa elämää on tärkeää ruotia, sillä muunlaiset roolit tai peilit eivät näytä sinulle ihmisyyden syviä hukkumisia tai nostettuja aarteita. Anna kirkkaudelle lisää tilaa työskennellä niissä puitteissa kuin on mahdollista juuri nyt sinulle ja Olemuksellesi. Ammenna suurta tietoa itsestäsi, sillä tiedät syvimmillään asioita niin paljon jo ennestään, ettei sinun tarvitse kuin ottaa ohjat omiin käsiisi ja ohjata laivasi niille ulapoille, mistä voit löytää itsesi. Syvimmästä päädystä voi ponnistaa uuteen ja kirkkaampaan.

Työläs se matka on, mutta yksin sitä ei tarvitse kulkea. Enemmänkin se on Koitosten Tie, jossa kokeillaan ihmisyytesi rajoja kestävyyden, tuntemisen ja joidenkin hyveiden sekametelisopassa. Ja jokainen rusina suuhun poimittuna tuo aina uuden mahdollisuuden astua lähemmäksi omaa kirkkautta omaan tahtiin ja omaan kehitysvaiheeseen sopivasti.

Todellista päämäärää ei voi saavuttaa ennen kuin turmio, kauhut ja tuska ovat kokeneet inflaation, ja silti niille on annettu sijaa elää osana sinua, muistojasi, persoonaasi ja avonaista sieluasi. Jokaiselle ihmiselle on annettu lupa olla haavoittuva, Etsijä. Kaikki tuntemukset ovat yhtä tärkeitä, hyviä ja loistokkaita kokonaisen ihmisyyden valtakunnassa.

# Yksinäisen meren haudalla

Kyyneleet pyrkivät ulos vankkoina ja voimakkaina. Sydän tuntui kevyeltä ja mieli leijaili surun satamassa. Maailman epäreiluus musersi otteeseensa, eikä minulla ollut paikkaa, missä olisin tuntenut olevani mitään kenellekään.

Olin erilainen, syvän meren sävyinen, ja hukuin elämän aallokoissa muiden myrskyihin. Kaipaus yhteyteen oli kasvanut suuruutensa, ja majakan valo näkyi enää vain himmeänä. Se oli etääntynyt pala kerrallaan ja kerännyt sankkaa sumua välimatkalle.

Intuitioni aisti myrskyjen pauhun sävyjä, tunteita ja tiloja. Osasin tyynnyttää niitä, estää tai käännyttää, ja väsyneenä vetäydyin paattiin aina lepäämään. Merihirviön lannistamiseen oli kulunut aikaa ja voimia, joiden kesti tovi palata taas mittaansa.

Elin tunteesta, palosta ja luovuudesta. Luonnon kauneus ja eläinten mystiikka solmivat kanssani liiton, eikä kukaan muu ymmärtänyt minua paremmin kuin ne. Olin osa Universumin aidointa ja luonnollisinta kauneutta juuri näiden ansiosta. Siksi myös pienet ihmistaimet kunnioittivat minua ja laskeutuivat aina siipieni suojaan synkkyydessäänkin.

Lapsen vilpittömyys, luonnollisuus ja hauraus olivat ominaisuuksia, joita löysin itsestänikin. Luonnollisuus ja ilo tanssittivat sydämen sykkeessä elämää, ja luovuus täytti maailmaa.

Surut surahtelivat ja itkut itkettiin, kunnes taas olin valmis tutkimaan ja löytämään uusia tuulia. Elämän ihmetysten kummastelu veti minuakin puoleensa, eikä tutkimusmatka näyttänyt päättyvän mihinkään.

Kaiken tämän kokema piirtyi sieluuni ja levitteli käsiään, koska aikuisuus ei näyttänyt omistavan niitä lapselle luontaisia piirteitä. Aikuisuus oli piilottanut moiset hyveet ja torjui elämän eliksiirinsä. Jos elämäni olisi alkukantaista ja riisuttua, tuntisin paljon kaltaisiani yhteyksiä, mutta nyt seilasin elämäni merellä yksin, vailla yhteyttä kaltaisiini.

Majakan valon lopulta hiipiessä näkymättömiin sydämeni vaikeni sieluni tanssisalin rytmistä ja puuttuva sävel hajosi hiljalleen taustaansa. Olin yksin. Turvassa, mutta yksin. Elämäni valo olin vain minä itse. Riitin itselleni, mutta luontaisen yhteyden tarve oli työntänyt minut yksinäisyyteni haudoille hiljentymään, pohtimaan.

Ympärilläni oli paljon ihmisiä, enkä ollut fyysisesti yksin. Aito yhteyden tunne samankaltaiseen henkiseen voimaan kuitenkin puuttui, enkä ollut nähnyt keinoja sen etsimiseen. Seilasin paatillani aina vain kauemmaksi Yhteyden Majakastani saapuen haudalle valitsemaan, tippuako vai kiertää.

Tehtävä ei ollut helppo, vaikkakaan ei mahdoton, mutta ei juuri vastauksiakaan jakava. Vain Universumi saattoi näyttää minulle, että toivoa oli, sillä jokaiselle löytyisi vastakappaleensa. Hautojen kaiusta löytäisin silti vain epätoivoni syvää kiihkoa, joten suunta merille seilaamaan kohti toivoa olisi parempi vaihtoehto.

Niinpä käänsin paattini ympäri keikkuen ja aallokkoa myötäillen. Nostin purjeet ylös ja annoin keulan seurata majakan valoa, joka pikkuhiljaa erottui sumujen verhoista. Mahdollisuus yhteyteen, etsimiseen ja löytämiseen antoi tilaa Yksinäisyyden Valtakunnassa, jossa Sisäisyyteni Valtiatar täyttyi hyväksynnästä ja uskoi Universumin luovuuteen.

LUKU 8

# Tunnustamisen merkitys itselle

Tunteiden merkitys korostuu aina kun puhutaan ihmisyydestä, empatiasta, haavoittuvuudesta tai työskentelystä niiden parissa. Ikuisuus ei ole pitkä aika niitä työstettäessä. Se on ennemminkin seikkailukokemus omassa taikametsässäsi, jossa voit juoda valmistamaasi eliksiiriä juuri sillä paikalla, missä ikinä oletkaan. Mielikuvitus, esteettisyys, luonnon hoitava vaikutus ja yhteys toiseen ovat jokainen tärkeä osa ihmisen elämää, ja jos peität kaiken tämän hyvän, et koskaan voi löytää onneasi.

Onni on läsnä rauhassa ja rakkaudessa vasta kun löydät itsesi, todelliset juuresi ja rakkautesi lähteen, jossa sinulle on muodostunut kyky rakastaa ja ottaa rakkautta vastaan. Rakastaminen on välillä opittu väärin. Rakkaus on perustarve, jonka vääristymisen turmioittava vaikutus kohdistuu valitettavan usein niin ihmislapsiin, eläimiin kuin luontoonkin.

Ilman tunnustamista mikään ei muutu. Vaikean aiheen keskellä mieli ja tunteet työstävät myrskyjä. Nämä asiat ovat niin tärkeitä, että pimeän peiton alta ne löydettyäni halusin kirjoittaa ne näkyväksi myös muulle maailmalle pohdittavaksi ja luettavaksi.

Minä itse olen käynyt läpi Helvettien Laakson, sukeltanut läpi sen kivikkoisen aavikon ja etsinyt elämäni lähdettä vuosikymmeniä eväin, joilla en ole kyennyt rakastamaan itseäni tai elämääni kunnioittavasti. Ennemminkin olen syössyt itse itseni turmioon valinnoillani, joita jokaista on ohjannut syvä pelko, tuottaen tuskaa ja kipua yltäkylläisesti elämäni varrelle. Vanhempani eivät osanneet kasvattaa itsetuntoani ja rakastamisen taitoani muuta kuin kaltaisikseen, ja siksi olen saanut kipuilla kaikilla osa-alueillani koko elämäni ajan.

Vasta nyt kun olen käynyt vuosien syvän kamppailun omien uskomuksieni, traumojeni, kaavojeni, kuormieni ja väärien oppieni kanssa, olen löytänyt tien Ikuisen Onnen Polulle. Uskon hyviin, rauhallisiin sekä elämää virtaaviin uskomuksiin, elämien kantavuuksiin sekä henkisyyteni ytimiin, joista jokainen ammentuu sisältäni yhteyteen luonnon, eläinten ja ihmislasten kanssa.

Olen saanut oppia useammassa oppipoikana olemisen puvussani vaikka minkälaisissa ympäristöissä, mutta ne kaikki kokemukset on tarvittu, jotta voin olla itseni kaltainen: tunteva, tunnerikas ja yltiöpäisen rakkauden ja luovuuden lähettiläs. Sellainen, joka uskoo unelmiinsa ja saa ympärillään olevat ihmiset kuuntelemaan sisältään kumpuavia rikkauksia heidän hyödykseen ja hyväkseen.

Olen ihminen, joka ammentaa rakkautensa, kirkkautensa ja valonsa niille, jotka minua eniten tarvitsevat, eli heikoimmille, niille, jotka kannattelevat elämää vielä jatkossakin meidän poistuttuamme maan päältä: lapsille.

# Tehtävä

Puolustaudutko vai suojaudutko? Keskity kuuntelemaan ensimmäisenä mieleesi tullutta vastausta ja katso, mitä se herättää sinussa.

Helpottaaksesi vastaamista voit pukea suojaviitan yllesi ja sanoa itsellesi olevasi turvassa. Jos sinua helpottaa, voit myös piirtää tai kirjoittaa vastaukset.

- Minkälaisen oppipojan asemassa sinä olet matkustanut sisimpäsi retkillä?
- Kuka on saanut Suojelijan viitan harteillesi niinä hetkinä, kun kamalin lohikäärme on hyökännyt sinua kohti?
- Kenen unelmia olet koettanut elää todeksi omalla matkallasi?
- Tyydytkö olemaan vaillinainen muiden tähden vai voisitko saavuttaa enemmän kuuntelemalla omaa sisintäsi?

# Tunnista ja tunnusta

Lapset ja nuoret tarvitsevat rohkeita, määrätietoisia ja toimeen tarttuvia, turvallisia vanhempia ja aikuisia kannattelemaan heitä kasvussaan. Lapset tarvitsevat entistä enemmän turvaa, tukea, ohjausta ja luottamusta siihen, että maailma kantaa.

Maailman eläimet tarvitsevat ihmisten hierarkkista muuttumista ja tasapainoa, jotta ne säästyvät maailman tuholta, joka seuraa ihmisten itsekkyydestä. Kaikki se muutos ja työ on tapahduttava ihmisen sielusta käsin, juuri sieltä, missä kaiken ydin asuu: sinusta ja minusta.

Vaikuttamalla syvimpään Olemukseesi valo ja pimeys tasapainottuvat ensin sinussa, sitten yhteisössä, sen jälkeen elämissä yleensä ja lopulta koko planeetassa. Meillä on kaikki avaimet valita pelastaa ensin itsemme ja sitten seuraavat sukupolvet. Meillä on kaikki valta toteuttaa hyvää ensin itsessämme ja sitten muita kohtaan.

Pelot ja uhmakkuus ovat merkkejä Olemuksen kieltämisestä, joten rankimman työn tekevät he, jotka koettavat sammuttaa elämää. Pyhyys, rakkaus, valo ja toivo ovat asioita, joita kirkastamalla ja tarkastelemalla voit saavuttaa suuria päämääriä elämiesi varrella.

Aikuisten tunnetietoisuuden lisäämiseksi tarvitaan valmennusta ja tietoa sekä rohkaisua tunnetyöskentelyyn. Jos aikuinen ei kestä lapsen tunnereaktioita ilman omien tunteidensa sekoittumista tilanteeseen, myös lapsen tunnereaktiot sekoittuvat, eikä hän kykene oppimaan reaktioistaan omien puhtaiden tunteidensa kaikuja, mikä olisi suotuisinta oikean oppimisen kannalta. Kun aikuisen reagointi ei ole neutraalia tai puhdasta, lapsen peilaus ei ole sitä mitä kuuluisi, ja näin ollen lapsi ei tule kuulluksi tai nähdyksi omana itsenään.

Olisikin tärkeää tulevaisuuden kannalta, että aikuinen oppisi tunnetaitoja ensin, jotta hän voisi peilata niitä oikein lapselleen. Näin toimivat eläinkunnankin reagointitaidot. Toisen reaktiot ovat aina peilaus omaan käytökseen, joten vahvat ja aistikkaat reaktiot tarvitsevat vahvan perustan ja turvallisen suhtautumistavan, ennen kaikkea pikkulapsivaiheessa.

Murrosiässä vahvasti reagoiva nuori on jo hankalampi tunnekuohuiltaan, jos aikuisen omat tunnetaidot eivät joko salli tai vain osaa suhtautua inhimillisen lempeästi verson kuohuihin. Jokaisella ikähaitarin pykälällä on tarkoituksensa. Jos aikuisuuden kynnykselle pukkaa koko ajan vain nuoria aikuisia, jotka peilaavat nykyajan tunnekäsitystä tai reagointia, voinemme todeta kymmenien vuosien saatossa, että ihmiskunta on ajautunut tuhoisaan tilaan, jossa tunteilla ei ole enää merkitystä.

Kaikki vaikuttaa kaikkeen. Siksi myös tunnetyöskentelyyn olisi aika suhtautua vakavasti valmentajan, kasvattajan tai ihan matti meikäläisenkin roolissa.

# Varjoihin vangittu

Kroppa oli väsynyt. Sydän tanssi omaa rytmiään välillä nopeammin ja sitten taas hitaammin. Toisinaan rinnalla tuntui istuvan norsulauma, hetkittäin paino keveni yhteen. Silmät olivat sammuneet, sumentuneet ja haalistuneet. Omalta tuntuva palo hiipui päivä päivältä kohti hiillosta.

Norsulauman alle jäänyt sielu pusertui raskaan taakan painosta vetäen mukaansa ilon, riemun ja naurun. Huumori oli tipotiessään, mustunut ja laonnut. Hymynhäive pilkahti aina vain lievempänä.

Päässä humisi. Humina kohisi korvissa ja peitti alleen elämän ääniä. Toisaalta se tuntui hyvältä, sillä mieli vetäytyi mieluummin hiljaisuuteen. Se oikeastaan vaati rauhaa.

Päässä pyöri, huimasi. Aika ajoin muisti epäröi ja lopetti yhteistyön. Unohti arjen yksinkertaisia asioita kuin suojellakseen omaisuuttaan. Sitten se taas tokeni ja lähti juoksuun. Mutta vain hetkeksi.

Väsymys painoi silmiä, sydäntä ja sielua. Raajat tuntuivat raskailta ja voimattomilta. Ne yrittivät, mutta eivät jaksaneet. Ne kertoivat olevansa väsyneet ja uupuneet. Kyynel pusertui silmänurkkaan. Ajatus ei juossut. Minä vain olin. Tyhjä. Kuin haamu entisestä.

Mihin oli kadonnut nauru, ilo ja sydämeni palo? Positiivinen asenne, riemu ja sisu? Missä olivat unelmat ja halu elää? Halu nauttia täysillä ja uskoa.

Korviin kantautuu musiikki ja havahdun autostereon ääneen. Elastinen runttaa ilmoille "Sä pilasit mun elämän" sillä tuskalla ja inholla, jonka haluaisin päästää ulos. Jos vain jaksaisin. Kuitenkin ainoa, mitä jaksan, on itku. Sekin tukehtuu kurkkuun, jää kiinni ja voipuu. Kuten minä. Kahlittuna henkiseen kuristusotteeseen, joka ei helpottuisi niin kauan kun kumppanini olisi elämässäni. Se vain repisi, veisi lopulta hengen.

Ajatuskin kotiin menosta ahdistaa. Mieli kerää kerroksia ylleen, suojautuu. Ainakin yrittää. Viimeisillä voimillaan se varautuu, epätieto musertaa, pelko kovertaa. En halua tuntea mitään. En halua kokea mitään. En uskalla edes yrittää.

Kuin haamu astun kotiin. Kotiin, joka oli ollut turvasatamani. Kotiin, jossa olin ennen onnellinen: iloinen, täynnä voimaa, sisua ja sisäistä rauhaa. Nyt vastassani on sieluni hautausmaa, mieleni uurna ja sydämeni tuhkat.

En tiennyt mitä tehdä, en tiennyt, mitä pelätä. En uskaltanut hengittää.

Halusin vain kadota. Taikoa itseni pois, kauas pois tästä vankilasta. Sinne missä voisin taas kukoistaa, nähdä sieluni tanssivan ja sydämeni laulavan. Sinne, missä virtaa rauhan puro, jota enkelit silittävät. Sinne, missä ilo soittaa ja elämän valo lämmittää.

Mutta seisoin keskellä petosta. Valheiden valtakuntaa, jossa todellisuudella ei ollut tolkkua. Varjot vainosivat ja imivät kuiviin.

Ne kutsuivat mielistelyllä ja imartelivat valheilla. Lipoivat teennäisillä lupauksillaan, mairitellen mahtavuudellaan.

Sitten iski mustasukkaisuus ja raivo. Ne hakivat huomiota kaikella, minkä haltuunsa saivat, ja iskivät lujaa. Ne mustasivat kaiken, värittivät rumaksi. Rypistivät, repivät ja raivosivat. Ne nauttivat omasta mahtavuudestaan singoten uhkauksia, janoten kostoa.

Kunnes omistushalu tyrmäsi. Se käytti jäätäviä keinojaan luoden äärimmäisyyksien armeijaansa. Se kasvatti sotilaitaan ottaen mukaan epäilyn, syyttelyn ja vastuuttomuuden. Se hyökkäsi uhkailemalla itsetuhollaan ja iski kovaa piittaamattomuudellaan.

Sitten se ohitti, lyttäsi ja jätti näkymättömäksi. Löi tantereen tyhjäksi, tappaakseen. Muka rakasti, muka omisti.

Sieluni tyhjyys suojeli. Viimeisillä voimillaan se käpertyi itseensä, etsi turvaa ja tuudittui siihen. Se etsi pienen sopukan, joka rakasti, kuunteli. Uskoi ja tahtoi, sinnitteli voimallaan ja työnsi eteenpäin. Kuiski sitten rohkaisuaan sieluni Valtiattaresta valaen toivoa kohdata varjoni, poistaa epäilys ja jatkaa matkaa. Tukahduttaa läheisriippuvaisten synkkyys ja jatkaa retkeä kohti autuutta. Taistella tie voittoon ja jälleen uskoa.

Kun avauduin, näin itseni. Yksin ja rauhassa. Onnellisuus virtasi sieluuni, ruokki ruumiini. Sydän tanssi kevyesti, ei enää painanut, ei nuokkunut. Silmiin syttyi palo, tuttu polte, joka leiskui elämää. Mieli jaksoi, keho jaksoi. Nauru virtasi ja elämä maistui taas. Varjo oli poissa. Oli vain minä ja turvasatamani, koti täynnä iloa ja rakkautta.

Varjo oli häipynyt aseineen, joutui tyytymään häviöönsä. Se ei ollut tyytyväinen, mutta se lähti. Tyytyi kohtaloonsa vielä rumasti taakseen vilkuillen.

Samalla se etsi uutta uhria, uutta ruman rakkautensa kohdetta.

Mutta minä olin vihdoin vapaa ja läheisriippuvaisen puolison varjo katosi syvän yön sumuun.

# LUKU 9

# Olet hyvä ja riittävä

On parempi kysyä kuin etsiä turhaan. Kysy ja kyseenalaista, sillä mikään ei ole väärin. Voit oppia enemmän itsestäsi ja toisesta tuntemalla reaktiosi, tunnetapasi ja uskomuksesi paremmin. Samalla voit oppia toisen reaktiosta ja tunnelatauksesta asioita, jotka ovat hänellä kesken. Ja kaikki on sallittavaa aina, kun on tunteista kyse.

Vain tunnereaktiosta noussut toiminta voi olla kyseenalaista, ja silloin siihen on puututtava. Kova ja kieltävä, musertava tai loukkaava asenne ei tuo parasta tulosta, vaan pitkäjänteisyydellä ja rakkaudella korjattu on lopulta paljon vahvempi kuin vääryydellä tuomittu. Uskoudu vain tunteidesi ja sisimpäsi äärelle ja työskentele niiden parissa aina tutkien, kysyen ja kyseenalaistaen. Katso, mitä ne kertovat sinulle, ja ymmärrä, mitä ne tahtovat sinun tekevän. Kukaan muu ei voi määritellä kuka sinä olet eikä loputtomasti ymmärtääkään. Mutta jokainen voi hyväksyä ja sallia erilaisuuden, joka suuressa mittakaavassaan on ääretön. Sillä missään ei asu kaltaistasi. Aina jokin erottaa teidät toisistanne. Tämä ainutlaatuisuus on hyve, jota esimerkiksi eläimet hyödyntävät omissa elinpiireissään.

Uskomalla itseesi ja omaleimaisuuteesi kyky kuulua porukkaan vahvistuu. Massaksi kutsutut nuoret esimerkiksi ilmentävät riittävyyden tunnettaan juuri samankaltaistumalla toiseen yksilöön. Yksilöllisyys unhoitetaan riippuvuuksien alle, kun paine hyväksytyksi tulemisesta kasvaa liian suureen rooliin. **Mikään ei muutu, jos mikään ei muutu.** Malli, asenteet ja uskomukset ovat aikuisten käsissä, ja heillä on suurempi vaikutus elämän jatkuvuuteen kuin ehkä koskaan ovat käsittäneetkään.

Anna mahdollisuus itsellesi olla se Laura tai se Liisa, joka oikeasti haluaa olla hyvä lapsille. Se Matti, joka oikeasti haluaa, että poika kasvaa omaksi itsekseen eikä sinun jatkeeksesi. Nämä ovat vanhemmuuden kipeitä kysymyksiä, joiden äärellä vietetty aika tuo monia vuosikymmeniä lisää tässä yhteiskunnassa. Vain sinulla on merkitystä tässä ja nyt silloin kun on kyse lastesi, eläintesi ja maailmasi tulevaisuudesta.

*"Pysäytetään vyöryvä pallo,*
*sillä yhteisesti meissä syntyy muutoksen voima,*
*joka kehittyy pitkän aikavälin aikana*
*maailmaa suuremmiksi*
*toivon, sielun ja rakkauden periksi*
*hyvyyttä ja uskomusten uusia tuulia vastaanottamaan."*

# Apua mielikuvituksesta

Aikuisen mielikuvitus ei ole enää lapsen mielikuvituksen kaltainen, ja siksi lapsen maailmaan pääseminen voi olla hänelle hankalaa. Jos aikuisen mielikuvitus voisi jatkua yhtä vahvana myös lapsuusiän jälkeen, hänen elämässään olisi sijaa samanlaisille iloille ja mielikuvitukselle kuin lapsella on leikeissään ja vuorovaikutuksessaan.

Olisiko aika kurkistaa satujen taakse ja unelmoida itsensä satuprinssiksi tai lohikäärmeeksi turmion tiellä? Pelastautua Syömishäiriölaakson uumenista ja ripustaa Perfektionistiprinsessalle aivan uudet vaatteet keijupölyn avulla? Voisiko Lohikäärmemaan uumeniin sukeltaa tutkailemaan pahimpia mörköjä suojakaavussa ja näyttää niille taivaan merkit kaikkein suurimmassa suojeluksessa, haltiapukuisen taikalohikäärmeen avulla?

Uskaltaisitko sinä sukeltaa pimeimpään päätyysi, jos saisitkin mukaasi miljoonasti pieniä tuikkuja valaisemaan tietäsi, suojanasi panssarein varusteltu jättikilpikonna? Vai haluatko vain uskoa olevasi tylsä aikuinen, jolla ei ole pelkoja tai surua ympärillään ja jolle kateus on normaali jokapäiväinen tunne?

Kaikki, mitä lapsi tai eläin meille voi opettaa, on näyttävä sen tien, joka muutokseen tarvitaan. Jotta aikuinen voi muuttua ja tehdä hyvää, hänen on uskallettava hypätä lapsen kelkkaan, kuunneltava ja nähtävä kaikki se, mitä pieni verso voi hänelle elämästä opettaa.

94

Uskomalla ihmeisiin voi tehdä ihmeitä. Siksi lapsen maailma on täynnä ihmeitä yllättämässä häntä joka päivä. Niistä hän saa uusia kokemuksia ja käsityksiä tunteistaan ja ympäristöstään.

Miksi siis jarrutella selviötä?

Voisitko vain laittaa snorkkelin päähäsi ja sukeltaa Aavojen Merien maisemiin, josta horisontti on kadonnut ja jossa sinulla on valtavasti tilaa valita vain ne helmet, jotka sinua houkuttavat? Ilman, että kukaan arvostelee, syyllistää, epäilee tai mitätöi.

*"Anna mennä Uljas Musta*
*ja saavuta unelmien niittysi aavoilla tasangoilla,*
*sillä laumasi seuraa sinua joka tapauksessa.*
*Se uskoo voimaasi ja hyvyyteesi,*
*joten muutos elämien kulussa on mahdollista!"*

# Hyväksynnän Helmen Saalistajat

Kukapa olisi koskaan arvannut, että irtautuminen varjoista saattoi olla verrattavissa menetykseen. Suunnaton suru voimistui sisälläni ilmeten levottomuutena ajatusten ajelehtiessa päämäärättömästi edestakaisin. Luopumisen tuska ravisteli sieluani purkautuen kyynelvirraksi poskilleni. Tunsin olevani yksin koko maailmassa. Vaikka se teki surulliseksi, se valoi myös toivoa.

Mielen varjoista irtautuminen oli osoittautunut melkoiseksi totuuksien valtakunnaksi, missä ei sydänriepua juuri säästelty. Vapautuakseni kaikista kahleista olin tullut määränpäähän, jossa kaikki ympärilläni olleet ihmissuhteet olivatkin valhetta. Läheisimmät ihmissuhteeni olivat vankiloitani, joiden raskaat muurit estivät kasvuani lopulliseen mittaan.

Parin viikon takainen terapiakäyntini oli saanut mieleni työskentelemään levottomasti. Olin sieltä lähtiessäni oivaltanut, että ympäristöni käyttäytyi sopimattomasti ja että olin sallinut läheisiltäni aliarvostavaa kohtelua. Paras ystäväni oli purkanut vihaansa minuun käyttäytyen kelvottomasti ja syyttänyt perään siitä, etten kestänyt hänen tunteitaan. Hän ei milloinkaan ollut ymmärtänyt, etteivät hänen tunteenpurkauksensa olleet vain hänen purkauksiaan, vaan hän hyväksyntäänsä etsiessään takoi kaiken vyöryn päälleni armottomasti ja täynnä vihaa.

Siihen saakka olin aina ottanut kaiken vastaan ohittaen omat rajani ja nöyrtyen olemaan toisen kaatopaikka. Mutta kun itsearvostukseni oli kohonnut ja osasin asettaa rajan vihanpurkauksessa itseäni suojaten, ystäväni kokikin minun ohittavan hänet tylysti ja lohduttomasti.

Kerroin sietäväni kiukun. Kerroin kuuntelevani huolet ja olevani lohdun olkapää. Mutta se ei riittänytkään. "On eri asia ilmaista vihaansa ulos kuin purkaa se minuun", olin sanonut, mutta tuloksetta. Hän ei pystynyt tuskaltaan minua kuulemaan.

Ystäväni sulkeutui vihaansa. Lähetin hänelle viestejä kertoen oman näkökulmani asiaan, mutta päädyin aina vain luotaantyöntäviin, kolkkoihin tyrmiin. Olin herännyt kauhukseni huomaamaan, että ihminen, jota olin pitänyt ankkurinani, olikin opitun kaavani mukaisesti rakennettu ihmissuhde. Olimme molemmat hyötyneet toistemme ongelmista niitä myötäeläen ja ratkoen. Saimme molemmat sillä tyydytettyä auttamisen tarvetta ja tunsimme itsemme hyödyllisiksi. Nyt pyristeltyäni irti kahleistani aloinkin huomata oman käytökseni vankilaa, joka mahdollisti toisten alentavan käytöksen minua kohtaan. Sen muuttuessa aiheutin samalla railoja ystävyyteemme.

Sama suunta näytti jatkuvan myös sen ihmisen kanssa, jota olin pitänyt äidin kaltaisena hahmona elämässäni. Olin pyristellyt suhteemme vuoksi jo pitkään. Olin kokenut ohittamista sekä hierarkkista alentamista portaista alimmalle. Tämä ihminen oli auttanut minua läpi elämäni, ja olin asettanut hänet kultaiselle jalustalle eteeni. Nyt vihdoin ymmärsin, että kaikki tuo oli iskostettu minuun jo varhain.

En kyennyt uskomaan muuta kuin omaan huonommuuteeni toisen rinnalla.

Levottomuus oli vellonut mieltäni jo viikkoja. En pystynyt keskittymään ja kaipasin yksinoloa, jotta mieleni saisi hetken hengähtää minussa itsessäni. En ollut heti saanut kiinni siitä, mikä levottomuuttani piteli yllä, mutta öisin alitajuntani tarjoili minulle filmejä kuin elokuvafestivaaleilla konsanaan.

Aamuisin heräsin nukkuneena mutta väsyneenä osan leffoista surratessa päässäni pikakelauksella.

En juuri itkenyt ennen kuin vasta seuraavan terapiaistuntoni yhteydessä. Levottomuus oli lamaannuttanut ja estänyt elämääni, uuvuttanut. Terapiasta lähdettyäni itkin. Olin aloittanut itkemisen jo istunnolla, ja jatkoin sitä pitkin päivää. Pääätäni särki ja kehoni tuntui raskaalta. Vetäydyin omaan tilaani haluten rauhassa nuolla suruni ja pettymykseni haavoja.

Pinnistelin lasteni edessä, mutta lopulta hakeuduin saunaan yksikseni antautuen itkukanavilleni ja syvälle tuskalleni yksin, paljaana ja hauraana.

Asioiden konkreettinen sanominen terapiassa oli murtanut lukon, ja ymmärsin, että levottomuus sisälläni oli ollut viimeisillä voimillani kiinnipitämistä näistä tärkeistä ihmisistä, vaikka olin jo tietoinen siitä, miten he minua kohtelivat.

Äitihahmoni kohteli minua mielellään altavastaajana kuin olisin yksi hänen vähäosaisista asiakkaistaan, joiden parissa hän työskenteli arjessaan. Sillä hän haki ehkä itselleen ylemmyyden tunnetta pönkittämään itseluottamustaan. En voinut sitä tietää, mutta hänen käytöksensä viestitti minulle olevani epätoivottu.

Asian myöntäminen ääneen sai tuskan repimään rintaani, mutta mahdollisti alun irti päästämiselle.

Työskentelin mieleni voimalla, sydämestäni käsin, terapeutin tuella. Parhaan ystäväni kohdalla tilanne oli sama kuin äitihahmoni kanssa, ja itkin luopumisen tuskaa omien kaavojeni musertuessa. Kaikki ne yhteiset vuodet ja tapahtumat olivat olleet tärkeitä, ja me kaikki olimme tarvinneet niitä kukin omiin tarkoituksiimme. Mutta omat varjoissa lymyilleet tarpeeni olivat alkaneet muuttua, enkä enää kokenut vanhanmallisia tilanteita eheyttäviksi ja tarpeellisiksi, vaan enemmänkin voimia vieviksi ja uuvuttaviksi.

Suru oli voimakasta, ja itkun myötä tunsin puhdistavaa uutta puhtia. Päästin irti pikkuhiljaa, menetin ja luovuin. En ihmisistä vaan itsepintaisista uskomuksistani, kaavoistani ja myrkyllisistä ajatuksistani. Menetin ehkä vanhat välini ihmisiin, joita rakastin, mutta olin itsekunnioitusta rikkaampi ja sain jatkaa matkaani kohti eheytynyttä sisintäni luottaen ja itselleni riittäen, sieluuni vihdoinkin tutustuen.

Olin päättänyt, etten hylkäisi ketään, vaan olin oppinut elämääni mullistavan läksyn:

**"Ihmiset, jotka ilahtuvat nähdessään kasvuni ja rakastavat minua sisintäni myöten, jäävät luokseni. He, jotka rakastavat varjojani, saavat jäädä niiden vangiksi omasta tahdostaan. Minä en ole siellä enää."**

# Kohti tasapainoa

Entisaikojen elämille tunnusomaista oli hierarkkinen näyttävyys sekä tuskan ja rakkauden kietominen yhteen. Nykymaailmassa kaikki se on moninkertaistunut, vaikka pyrkimys tasa-arvoon on ollut suunnan tavoitteena. On unohdettu, että ihmisyys ei ole mammonan tai tuloksen tavoittelua, vaan ihmisyys alkaa lapsuudessa, jolloin kaikkein suurimmat ja tärkeimmät asiat opitaan niiltä ihmisiltä, joiden kanssa me yhteisöä jaamme.

Kulttuurien kannalta kaikkein olennaisinta on elämän kunnioittaminen sellaisenaan. Ihmisen kunnian määrittelemiseen ei tarvita minkäänlaisia arvottavia hierarkia-asetelmia.

**Jokaisella työtehtävällä on tarkoituksensa.** Kullakin on omat vaatimustasonsa ja siten palkkausjärjestelmänsä, mutta jokainen työtehtävä on perustettu siksi, että se on tärkeä ja tarvittava osa juuri sitä toimivaa yhteisöä, jossa elämme. Jos jokin osa puuttuu, työ hankaloituu tai pahimmassa tapauksessa tapahtuu ennalta määrittelemättömiä kauheuksia.

Johtajia tarvitaan varmistamaan, että kaikki sujuu kuten pitää. Hyvän johtajan tunnuspiirteitä voisi ottaa suoraan vaikka hevoslauman keulakuvalta. Johtajaksi valikoituneen yksilön kautta laumassa toteutuu kaikki hyvä ja toimiva. Vallalla ei ole mitään tekemistä johtamisen kanssa.

Pieninkin työtehtävä on tärkeä. Yhteiskunnassa on ollut kummallinen tarve lytätä esimerkiksi siivoojien tai roskakuskien töitä. He kuitenkin tekevät pääasiallisimman työn alarivissä, jotta muuta työtä voidaan toteuttaa. Ilman esimerkiksi näitä kahta ammattia mikään ei olisi mahdollista kovin pitkään.

Arvostus ja kunnioitus eri ammattikuntia kohtaan on samanlaisessa inflaatiossa kuin ihmisyys ylipäätään, ja siksi **tarvitsemme muutoksen alkuvoimaa, joka kumpuaa ihmisten sisimmästä.**

# Tehtävä

Vastaa kysymyksiin sisimmästäsi käsin.

Paras vastaus yleensä on se, joka mieleesi ensimmäisenä ilmaantuu.

- Missä koet olevasi tällä hetkellä työsi hierarkkisessa järjestyksessä?

- Koetko tekeväsi arvokasta työtä omassa tehtävässäsi?

- Oletko kokenut, ettei työtäsi arvosteta tarpeeksi tai että se ei ole merkityksellistä?

- Kuka sanoo, mikä työ on paras työ sinun elämässäsi?

- Miten määrittelet hyvän työyhteisön? Mitkä ovat sellaisen elementit sinun näkökulmastasi?

# Luonnon tunteva voima

Tunteet hallitsevat, pidättävät, vapauttavat tai iloitsevat. Käyttämällä aikamme tunteiden kanssa työskentelemiseen voimme lopulta voittaa todellisen tasa-arvon niin ihmisten, eläinten, luonnon kuin Kaikkeudenkin kanssa. Ikuisuuteen on matkaa. Eläimiä tarvitaan joka päivä pitämään yllä kiertokulkua ja kuuta hallitsemaan vuorovettä.

Vuorovesi on hyvä esimerkki siitä, mitä ihminen ei ole kyennyt valjastamaan täydessä mittakaavassa. Vuorovesi elää kuun mukaan, ja vain kuulla on mahti saada se liikkumaan tavallaan. Ei auta muu kuin todeta, että todelliset voimat löytyvät luonnosta ja että **luonnon ääressä jokaisen sielu voi kylpeä onnellisuuden, todellisen hyväksynnän sekä äärimmäisen rakkauden meressä.**

Kaikki mitä koet, näet ja tunnet on osa maailmojen energiaa, ja sitä on Kaikkeudessa oleva aina vakio. Siksi hyvä ja paha jakaantuu puheissa helposti kokonaisiksi ihmisiksi: hyviin ihmisiin tai pahoihin ihmisiin. Mitä jos olisikin mahdollista vaikuttaa kaikkeen siten, että hyvyys ja pahuus olisivat sopivassa tasapainossa jokaisessa ihmisessä, kuten se eläimissä on?

Eläimissä hyvyys ja pahuus, pimeys ja valo, on soljuvien tasapainojen tanssi, joka elää rauhallista ja tasapainoista, onnellista elämää läpi koko kautensa. Ihmisillekin se on mahdollista, kunhan vain jokainen ottaa sen valinnakseen ja luo tilaa mahdollisuudelle loistaa sitä ihmisyyden kirkkautta itsessään, mikä on sanoinkuvaamattoman loisteliasta juuri inhimillisyydessään.

**Valo väistyy pimeyden tullessa esiin, mutta niin käy vastavuoroisesti myös toisinpäin. Kun lisäät omaa valoasi, sitä vastaava määrä pimeyttä palaa Universumiin, joka suuressa tasapainon kattilassaan hämmentää valon ja pimeän suhteen juuri sopivaksi ja jakaa sieltä kauhallaan sopivan kokoisia annoksia niihin kulhoihin, joissa tasapainoa tarvitaan. Näin muutos on alkanut sinun sisältäsi ja voit olla itse se muutos, joka näkyy ulkopuolella muissa.**

Pikkuhiljaa ja hitaasti etenevät asiat kysyvät omistautumista ja suotuisia aikoja, mutta ne palkitaan pienissä erissä läpi matkan, kunhan vain uskot ja luotat voimaan, joka sinussa piilee, huolimatta olemassa olevista kuormistasi. Luottamuksen syvä huokaus voimistaa mahdollisuuksia elämän ja eläinten sekä luonnon kanssa, jolloin kaikkien yhteiset energiat nivoutuvat sellaisiin sfääreihin, että maailmamme on auki vielä miljoonia vuosia eteenpäin.

Nyt on sen mahdin aika, joka kumpuaa meistä ihmisistä ja meidän valinnoistamme tässä yhteiskunnassa, juuri nyt. Vanhat, esivanhempiemme aikaiset uskomukset on aika purkaa. Aseta itsesi muiden joukkoon ja ole sen voiman alullepanija juuri sinun perheessäsi, juuri sinun suvussasi ja juuri sinun työyhteisössäsi.

*"Asetu sinä olemaan se muutoksen ovi,
josta saat eteesi suuren määrän voimaa.
Itseesi luottamalla saat kaiken ympärilläsi
avartamaan silmiään luonnon kauneudelle.*

*Tee elämäsi paras päätös ja rupea aistimaan omia sävyjäsi,
omia värejäsi ja omia energioitasi juuri sinusta itsestäsi käsin.
Sinusta ja minusta on parasta olla yhdessä, kun ensin on
parasta olla itsensä kanssa."*

# Lohikäärmeiden tanssi

Se tunne, kun tajuat, että sinussa on elänyt aina synkkä vieras, joka muistuttelee itsestään läpitunkevasti ja häikäilemättä aika ajoin! Se on hyökkäillyt sellaisin asein, ettei sitä voi kestää. Ja sitten se on verhoutunut muiden tunteiden ja aistien joukkoon niin salakavalasti, ettet ole muistanut enää sen olemassaoloa vähään aikaan.

Mutta tänään se syöksyi kohti sapelein ja tikarein, hyökkäsi kuin raivohärkä ja riisti sitä, mitä sisimpäni kantaa. Se repi ja riuhtoi, kunnes viimeisinkin kahle antoi periksi ja tuska pääsi raapimaan sydäntäni verille. Minut oli ohitettu taas. Kuinka monennen kerran joku ohitti minut? Minut, kenet voi nähdä ja kuulla kuin kenet tahansa ihmisen?

Tänään ohittaja oli tuskaan verhoutunut olemus. Se ohitti suojamuurini, viimeisen kahleen, jonka oli määrä pitää sisimpäni jollakin keinoin haavoittumattomissa. Tässä ja nyt se oli läsnä: hauras sydän, syvä sielu. Täynnä haavoja, täynnä tuskaa. Kaiken ydin auki, rikki revittynä täynnä huutoa, täynnä epäoikeutta!

Se velloi, se kirkui. Koko elämäni sisin oli laiminlyöty, ohitettu, kuulumattomissa.

Punos kerrallaan se synkkä, avuton tuska oli lukittautunut syvimmälle minuun, tehnyt pikkuhiljaa kerrosta toisen päälle ja jäänyt vangiksi sisälleni. Kahliten, jälkiä jättäen. Huutanut lujaa ja

107

vaiennut pikkuhiljaa. Kerros kerrokselta, vuosi vuodelta ne laiminlyönnit ja ohitukset olivat kasvaneet. Jääneet minuun pieninä ja kasvaneet sitten suuriksi hukuttaen minua alleen.

Tänään sitten kohtasin taas sen synkkyyden. Sen yksinäisyyden, tyhjyyden, epäkunnioituksen sävyn, kun en tullut kuulluksi. Hauras sieluni musertui, vaikeni. Etsi ulospääsyä takoen ja huutaen. Syvä varjo henkäili ja huhuili. Päähäni sinkoili ajatuksia, joihin en ollut täysin uppoutunut. Pää tulvi ja tunteet seilasivat. Joku pyrki ulos minusta, rajusti repien, riuhtoen.

Otin kynän ja kirjoitin. Kipuilin, ja taas kirjoitin. Kyyneleet kihosivat silmiini ja kurkkuani kuristi julmetusti. Sanat hyppivät paperille sisimpäni tuoksinassa purkaen minua kerros kerrokselta. Suru ja tuska kuorivat sanoja paperiin, ja niissä oli voimaa. Olin löytänyt kanavan, mistä tuskani ydin voi ammentaa.

Hevoseni poismeno, kuolema, menetys, kaikki, mikä oli musertanut sieluani syvältä, kumpusi nyt kynäni kautta ulos. Tunteen ytimessä kahleet repesivät, ja itkin tuskaani vuolaana kyynelvirtana, pahoinvoivana, sydäntä rinnasta raastaen. Löydän kynästäni vastauksia, syviä ja suuria: "Ohitin rakkaan hevoseni tuskaa, kun se oli kipuillut tuskissaan." Miten olin ohittanut sen, miten olin saattanut antaa sen kärsiä liian kauan? Kipuilin itsekin pahaa oloani, tuskaani sydän veressä, sielu korvenneena, eikä kukaan kuullut minua.

Olimme kaksi sielua, yhdessä, erikseen, tuskassa. Siitä hetkestä lähtien elin läpitunkevaa totuuttani.

Tuska, joka oli painautunut syvälle minuun, oli ohittamisen tuska; se tapa, jolla minua oli aina kohdeltu, ohitettu, oltu epäreiluja.

Olin aina osannut kääntää poskeni ottamaan uudet iskut ja solvaukset vastaan.

Hevoseni vielä vuosienkin takaa ohjasi minut tänne, totuuteeni, tunteisiini. Enkelinä, sanansaattajana, se veti minut syvälle itseeni, pakotti kohtaamaan kivun ja tuskan läpi puskevan kauneuden. Avasi kahleeni ja pyysi kääntämään katseeni sisimpääni.

"Mitä sitä piilotella? Kohtaa se, ja ala elää", se sanoi. "Itke itkusi ja herää. Huomasitko katsoa peiliin? Vastassasi on se, joka oli kahlittuna, vaiennettuna, unohdettuna. Se, joka ohitti, oli epäreilu. Se, joka vaati ja jätti kuuntelematta."

Ja minä katsoin. Siellä se tuska ilmeni peilistä, ja sillä oli minun itkuiset kasvoni.

Synkkä vieras, löydettynä, vapautettuna. Itku laantui ja tuska löytyi. Suru jäi hiipimään kasvoilleni ja kehooni. Se hyväili, tunnusteli. Suru saatteli tuskaa pois hellällä varmuudellaan ja lämpö lehahti mieleeni palavan yksinolemisen tarpeen saattelemana.

Halusin olla yksin ajatusteni kanssa, luopua vieraasta ja avautua uudelle. Päästää irti ja ottaa vastaan tyyneyttä, pyrkimystä ja lojaaliutta itseäni kohtaan. Kietoa muistot hevosestani kauniiksi, kehrätä surun kerälle, muistojen helminauhaksi. Halusin hyväksyä ja rakastaa, antaa anteeksi ja vaalia kaikkea sitä lahjaa, minkä olin enkelihevoseltani saanut: olla tässä ja nyt, tällaisena, kuultuna ja kohdattuna, elämän edessä hyväksyttynä.

LUKU 10

# Päättymätön tarina

Menneisyys ja nykyhetki vaikuttavat jokapäiväiseen elämään. Arjessa ilmenee päivittäin erilaisia tunnetiloja, jotka saattavat uhata tasapainoa. Anna jokaiselle elämän osa-alueelle mahdollisuus vaikuttaa sinuun, tunteisiisi ja olotiloihisi. Anna kaikille ihmisille mahdollisuus olla sitä mitä he ovat. Välitä heistä heidän itsensä vuoksi sen sijaan, että haluaisit vain hyötyä heistä.

Kaikkeus on tarkoittanut kansansa olevan yhtä mieltä siitä, mitä maassa tapahtuu. Ihmiset ovat unohtaneet sen ja alkaneet kehitellä itselleen, vain ja ainoastaan itselleen, valtaa. Vallanhimo tyrehdyttää kaiken sen, minkä vuoksi me maapallolla elämme. Elämän ei kuulu olla vallan kahlitsemaa, vaan tasapainoista ja sensitiivisen hierarkian innoittamaa.

Sensitiivisyyden liekehtiessä jokaisen meistä kuuluu saada arvoisensa kohtalo. Ne, jotka verta tihkuen taistelevat vallastaan, ovat hävinneet heti alkuunsa. Kenenkään ei kuulu olla kahleena toiselle, ja jokaisella itsellään on avaimet omiin kahleisiinsa. Jos ihminen ei kuitenkaan pysty hallitsemaan aseita, joita käyttää riisuakseen itsensä kahleistaan, se saattaa näyttäytyä järjettömyytenä tai sielun keskeneräisyytenä.

*"Orjuuttavassa mainingissa ihmisyyden peruselementti näkyy vallan voittoisana ilakointina vain hetkellisen aikansa, eikä se kestä ripaustakaan muiden puheita itsestään."*

Valta on muserruksen merkki ja se, kuka vallalla kasvattaa lapsiaan tai kohtelee eläimiään, saa ikuisen veren vuotamaan omasta sielustaan. Kenenkään ei tarvitse elää sellaisessa suhteessa toiseen, vaan vapaus voittoon löytyy yhteisön hyvän joukosta.

Selättämällä vallan kaikki voivat paremmin. Valitsemalla rakkaudellisen lähestymistavan myös vallankäyttäjä voi löytää ilon ja viisauden sisimmästään. Valta ei ole vääryys ainoastaan muita vaan myös itseä kohtaan. Sen kahleet kukistavat niin sydämesi äänen kuin sielusi viisauden, etkä voi tuntea kaikkia elämän värejä niine sävyineen, jotka todellisuus on meille luonut.

Luottamalla kanavoinnin voimaan itsessäsi voit hyötyä järjenkin järjestämistä onnen rippeistä, sillä kaiken ollessa yhteydessä toisiinsa lopputulos on aina parempi. Uskolla on suuri voima jokaisessa elämässä, joten uskomalla itseesi, Kaikkeuteen, energiaan ja luontoon saat kaiken omaksesi, eikä kenenkään tarvitse enää tyytyä vähäisempään onneen kuin on arvokseen asettanut.

Onnellisuus hoitaa tunnekirjoa sen syvimmällä kaipauksella ja toivottaa aina eteensä uusia mahdollisuuksien tuulia. Kaikelle on paikkansa ja kaikelle on aikansa. Kukaan ei pakota, kukaan ei käske, kukaan ei taivu eikä kukaan sytytä sotaa. Kenenkään ei tarvitse olla läsnä muualla kuin siellä, missä tuntee olevansa turvassa ja rakastettu.

**Sillä Kaikkeuden sylissä vain sielulla on merkitystä onnellisuuden seuratessa ihmistä.**

Kurkkaamalla sielusi peiliin voit nähdä siintävien merien viestit istumassa juuriesi ylle ja saat arvokasta tietoa syvimmistä Olemuksesi ääristä, rajoista, tarpeista ja puutteista. Kurkkaaminen on ajankohtaista joka hetki, kun jokin tilanne, tapahtuma tai jonkun toisen sanat loukkaavat tai suututtavat sinua. Silloin sielusi syvin virta kertoo, mikä meni pieleen tai mikä tukisti tuskissaan sydämesi kantaa.

Kun viesti pukkaa sieltä ylös, se vaikuttaa sanoihisi ja käytökseesi juuri siten, miten sen olet oppinut kanavoimaan: suojataksesi, uuvuttaaksesi tai rakastaaksesi. Siksi kaikkia sielun sirpaleita kannattaa tarkastella turvallisessa ilmapiirissä rakkaudesta käsin, valon ohjaamana. Sen voi tehdä myös terapeutin tai valmentajan kanssa sulkematta pois yhteistyötä, sillä yksinään etsityt sirpaleet hukkuvat salakavalasti varjeltujen nietosten taakse ja niiden löytymiseen tuhlaantuu helposti elämän mittainen taival.

*"Onnellisimmillaan ihminen on löydettyään*
*sielunsa sirpaleista Olemuksen,*
*parsittuaan niistä itselleen sopivat olomuodot*
*osaksi itseään, sydäntään ja kehoaan.*

*Kehon ja mielen varjelus täyttyy,*
*kun olet siirtynyt Etsijästä Löytäjäksi,*
*ja silloin olet oman elämäsi kuninkaallinen kaikessa loistossasi,*
*jota olet itsellesi unelmoinut."*

# Esama

Elämän uskomattomuus tallaa pienen ihmisen alleen, verhoaa varjoonsa ja kukistaa, jos ei ole varuillaan. Synkkä kaava kuristaa tahtoonsa mitä loistokkaimmilla juonillaan niin taitavasti verhoutuen, että sen huomaaminen tapahtuu liian myöhään.

Minkä sitä ihminen itselleen voi, kun antaa sydämen viedä ja katselee maapallon hyörinää liian sinisilmäisesti. Liian sinisten silmien läpi katsottuna pahuus unohtuu ja kauneus puskee kierosti loistoonsa.

"Annatko tunteen viedä vai toimitko sen kanssa yhteistyössä?" Hyvä kysymys! Ja vastaus järjellä ajateltuna on päivänselvä. Mutta elämän verhouduttua juoniinsa se ei olekaan niin yksinkertaista, sillä järki ei pysy kaavan mukana. Aina liian myöhään tulee herättyä siihen, että tunne vei mennessään ja järki vasta heräilee ohjailemaan alituisesti vaikeuksiin joutunutta mieli parkaa.

Netin sovellusmaailma on yksi maailmansa, kaavojen ja varjojen mukava peilisali. Varovaisuus on sisäänrakennettua, mutta toisinaan varsin pettävää. Etenkin kun jokin sisälläsi herää kiehtovaan ja varsin tuttuun tunteeseen.

Instagram-tililleni oli tullut viesti, joka odotti hyväksyntääni. Kuvassa koreili musta hattupäinen mies nimeltä Yusupha. Ensireaktioni oli työntää mielenkiinnon herääminen kumoon. Kylmänväreet väreilivät selkäpiissäni. Tutut ajatukset, järjen aallokot, myllersivät epävarmuuden ja inhon vallassa. "Mitä se minusta haluaa?" mietin vihaisena. Ajatukseni risteilivät pelon ja kiehtovuuden ristiriidassa.

Työnsin ajatukseni pois, mutta jokin hänessä veti puoleensa. Vaikka tililleni oli ilmaantunut muitakin viestipyyntöjä, ne eivät kahlinneet minua. Yusupha veti puoleensa levottomasti ja ahnaasti.

Seuraavana aamuna Instagramin etusivulla koreili postaus:

"Voi olla, että et koskaan lakkaa tuntemasta vetoa niihin ihmisiin, jotka eivät ole hyväksi sinulle. Mutta voit lakata valitsemasta heidät!" Viesti herätti minut hetkeen ja ajatukseen siitä, että Universumi halusi muistuttaa minua, miten olin aina kaavojani toistanut.

Punnitsin ja valitsin, ristiriidat velloivat syvällä. Tunne otti vallan: peto sisälläni hyökkäsi, napsi langat käsiinsä ja ohjaili minua kuin marionettia. Kiihkeyden huumassa sukelsin Yusuphan maailmaan ja vastasin hänelle kuulumisteni kyselyyn.

Vastasin voivani hyvin ja ajattelin heti kertoa, etten haluaisi mitään hänen kanssaan. Uskottelin itselleni olevani hallittavissa, mutta marionetin ohjaajaan ei nukke pääse vaikuttamaan. Mies esittäytyi gambialaiseksi keski-ikäiseksi mieheksi, Mandinkaheimon kansalaiseksi, ja ihaili suomalaista kauneuttani hyvin imartelevasti.

Hälytyskelloni paukuttivat päässäni olan takaa, mutta mieltäni ohjailevat langat pakottivat jäämään. Kiehtova mies lähetti pari kuvaansa, joissa näytti nuoremmalta kuin oli iäkseen ilmoittanut.

Hän kutsui minut Gambiaan pienen esittelypätkän jälkeen. Hieman peräännyin ja kerroin, etten ollut valmis mihinkään, sillä elämässäni oli ollut jo aivan riittämiin tanssivia heimonjäseniä. Päivän taittuessa iltaan olin jo aivan levoton. Sisäinen myrskyni raivosi valtoimenaan yllyttäen sen koko kehooni. En pystynyt ajattelemaan tai keskittymään mihinkään, sillä kaikki huomioni oli vain mustassa miehessä. Kysyin itseltäni monta kertaa, mikä hänessä kiehtoo, mutta en saanut vastausta. Niin marionetti tarttui puhelimeensa ja antoi viestien laulaa.

Oli merkillistä, ettei edes kieli ollut esteenä. Ilmainen sanakirja loisti toimivuudellaan ja tekstailu tuntui hyvältä. Oli miellyttävää saada vastaus toiselta puolelta maapalloa ja tulla kerrankin kuulluksi. Mies oli vallattoman herttainen ja nimitti minua sanalla "dear", joka kavahdutti sisintäni. Silti ajattelin sen olevan osa afrikkalaista kulttuuria, ja kestin nimittelyn. Yusupha pyysi minulta myös puhelinnumeroani, mutta jopa marionetti kieltäytyi. Silloin myrskykellot kilisivät niin lujaa, että pelko piti toiminnan aisoissa.

"Suuto yeh diyaa", Yusupha toivotti. "Hyvää yötä", vastasin. Mutta en saanut unta. Mieli vaelsi levottomana, ja jopa ajattelin englanniksi asioita. Selitin itselleni, että hyvänä puolena tässä oli englannin kielen taidon hiomisen mahdollisuus, eikä mitään pahaa tapahdu pelkällä viestittelyllä. Ja näinhän se pääsääntöisesti olikin järkikullan mielestä, mutta kun se ei hallinnutkaan lankoja, jotka ohjailivat kaavojani tiukassa nyörissä.

Näin unta Afrikasta ja Mandinka-heimon tanssista. Kauniista auringonlaskusta hiekkarannalla ja Yusuphan hellien käsien kosketuksesta. Välillä mies oli pukeutunut olkihameeseen ja tanssi soturin asuun itsensä maalanneena kangurangia keihään kanssa kuin transsissa. Sitten hän taas hymyili loistavaa hymyään edessäni valon säteillessä hänen tummista silmistään. "Esama, huomenta", hän kuiskasi suudellen huuliani. "Esama", sanoin ja heräsin.

Jos en saanut unta ja nähnyt suloisia uniani, googletin Gambian luontoa, nähtävyyksiä, matkoja ja valuuttaa. Gambia on pitkä maa, jonka keskellä virtaa Gambia-joki. Gambiaa ympäröi Senegal, jossa oleva luonnonpuisto tuntui houkuttelevalta. Historia kumpuaa orjuuden kieltä ja maan köyhyys paistaa kaiken keskellä. Muslimien tavat ja maan kulttuuri eroavat niin kovin omistani, että sitä on vaikea käsittää.

Mielikuvissani jo laskeuduin Gambiaan Banjulin lentokentälle, jossa Yusupha odotti minua taksillaan. Olisin hänen koko viikon ja auttaisin rahallisesti, samalla saisin mahtavan matkaoppaan. Nauttisin Afrikan auringosta, rannasta ja ihmisten ilosta.

Huonosti nukutut yöt kostautuivat koko viikon, kun viestittelimme monta iltaa, monta tuntia. Paljon uutta kieltä, paljon tunteita, vanhoja ja uusia.

Yusupha ei paljoa itsestään paljastanut, vain sisäisiä hyveitään. Aurinkoisuus ja ilo köyhyydenkin keskellä välittyivät minulle asti muistuttaen sisäisestä hyvyydestäni. Sadekauden tulvan tuhot sekä köyhyydessä eläminen olivat hänelle todellisuutta, minulle vain kertomusta. Suloisesti hän haaveili siitä, että jonain päivänä voisin matkustaa hänen luokseen Gambiaan.

Sain selville, että hänen isänsä oli lähtenyt kauan sitten, ja hän asui nyt kahden veljensä kanssa. Miehenä hänen tehtävänsä oli auttaa äitiään ja elättää perhe tuloilla, jotka sai taksia ajamalla sekä auttaessaan maatilalla tai viihdyttäessään turisteja. Sunnuntaina, pyhäpäivänä, levättiin, mutta muuten arki oli kovaa ja jatkuvaa selviytymistä.

Luettuani Gambian seksiturismista sekä avioliitoista länsimaalaisiin mietin, että se oli heidän tapansa selviytyä. Netin mukaan köyhyyden ymmärtäisi vasta sen nähtyään, eikä ole ihme, että pummit yrittävät hyötyä rikkaimmista selvitäkseen hengissä.

Yusupha veti minua niin kovasti puoleensa, että jopa mietin Gambiaan lähtöä ensi kesänä. Maa kiehtoi kulttuurillaan, ja tunsin syvää yhteenkuuluvuutta ihmisiin, joiden rikkaudet tuntuivat olevan heidän sisällään.

Mutta sitten sisälläni kytenyt myrsky otti hyökyaallon lailla kaiken valtaansa. Levottomuus ahdisti ja mieli myrskysi sydämen pitäessä kiinni aallokossa pelastusköydestään. Marionetti hyppi ja vei, sätki ja kieppui, eikä ote tuntunut hellittävän. Yusupha oli juuri vannonut kauniita sanojaan ja kiitollisuuttaan minusta, ja yhtäkkiä myrskyn keskeltä nousi nähdyksi ja kuulluksi tulemisen kokemus huolen ja hädän pyristellessä kiinni jaloistani. Vetovoima mieheen oli silkkaa hyväksytyksi tulemisen iloa ja imartelevia sanoja. Kiitollisuus puristi rintaani, mutta valtavan surun syöksähtäessä ulos se lensi taka-alalle. Suru sekoittui itkuun ja pahaan oloon, lohduttomuuteen ja hätään. Levottomuus lisäsi polttoainetta ja itku virtasi kuin Gambia-joki.

Itkun keskellä koin tuskaa Yusuphan köyhyydestä, hädästä ja jatkuvasta taistelusta. Marionetti kiitti kuuliaista huolehtijaa ja maailmanpelastajaa oivalluksistaan hellästi päätäni silittäen.

Kirjoitin Yusuphalle viestin siitä, kuinka olin saanut kokea tulleeni nähdyksi ja kuulluksi. Kerroin, kuinka kiitollinen olin oivalluksistani, ja toivoin hänelle samaa ystävyyden nimissä. Olin samalla tajunnut, että saatuani niin valtavan kokemuksen halusin minä puolestani antaa palan itsestäni hänen hyväkseen. Halusin tehdä hyvää maailmassa, ja saatoin aloittaa Yusuphasta.

**Kiitos maailman hyväntekeväisyysjärjestöille auttaessanne maailman hätää!**

# LUKU 11

# Olemalla muutos teet muutosta

**Syntymässään ihminen on oman parhautensa voima.** Se rikkoutuu heti ensimmäisen surun kokemuksen tai laiminlyönnin seurauksena. Mieli ja sielu muovautuvat joka hetki sitä mukaa kun ne lankeavat elämien jonoon.

Kun eläinlapsi syntyy, se on heti se, mitä se on sisimmiltään. Ydin ilmentyy läpi koko sen elämän ajan, toisin kuin ihmisellä. Ihminen hukkaa ytimensä, kunnes taas löytää sen, ja on sen uudestaan löytäessään viisaampi ja vakaampi kulkemaan tulevaan. Eläin sen sijaan seuraa vaistojaan alusta loppuun saakka eikä hukkaa itseään vapaana ollessaan milloinkaan.

Ihmisen astuessa eläimen elämään sen vapaus riistetään. Sen elämä riippuu paljolti siitä, miten ihminen sitä kohtelee. Kun eläimen sielu on riippuvainen ihmisen vallasta, eläin joutuu vaistojensa varassa valitsemaan joko miellyttämisen tai hyökkäämisen. Ikäväkseen eläin usein katuu hyökkäysasetelmaansa, sillä sitä seuraa monesti ainainen kipu ja kärsimys. Jos eläintä opittaisiin kunnioittamaan yhtä syvästi kuin se kunnioittaa ihmisiä kiputaakoistaan huolimatta, eläimet palvelisivat ihmistä paljon paremmin. Kipu ja kohtuuttomuus seuraavat jokaisen huonosti kohdellun eläimen elämää aina tuonpuoleiseen saakka, ja vasta maatuessaan se saa levätä rauhassa.

Tarkemmin tarkasteltuna ihminen tekee lapsilleen samoin kuin eläimille. Julmin eläin on ihminen, sillä eläinäiti tai -isä ei koskaan satuttaisi omaa pienokaistaan vallastaan käsin. Ei nyt eikä koskaan! Ihminen puolestaan tekee sitä, usein tiedostamattaan mutta joskus myös ihan tietoisesti siksi, että pitää lastaan valtansa välikappaleena tai oman elämänsä jatkeena.

Kun ihminen vasta aikuisena herää todellisuuteensa, hän on jo ehtinyt aiheuttaa samat taakat omille lapsilleen. Kehä on siis valmis, eikä yksi sukupolvi riitä kumoamaan kaikkea sitä, mitä esivanhempamme ovat meihin kylväneet. Sodan vaikutukset tuntuvat tunnepiikkeinä lihaksissamme, emmekä huomaa maailmankuvamme vääristyneisyyttä lihakset turtana. Energian ja kaikkivoipaisuuden nimissä ihmiset paahtavat tukka putkella töitä oman hyvinvointinsa ja perheensä hyvinvoinnin kustannuksella.

Ihmiset sen kuin suorittavat ja tekevät sitä, mitä parhaiten osaavat: puskevat kaiken tieltään välittäen vain väärällä tavalla itsestään ja vallastaan. Raha kuvastaa useille pääsyä onneen, eikä moni uskalla kieltää sen vallan otteen määrää. Raha on hyve silloin kun tarkoitusperät ovat toimivat, mutta valtaisa tuho silloin kun se syöksee kaiken alleen kuin pyörremyrsky tropiikissa. Isku korostaa aina jokaisen omaa yksilöllistä pahetta, mutta raha määrittää massojen liikehdintää yhteisössä. Kaikki jää rahan ja vallan jalkoihin, jopa ihmiset itse, ja pahiten he, jotka valtaa ja rahaa eniten janoavat. Heidän onnensa tuntuu olevan aina vain hiuskarvan varassa, eikä mikään voi taata sille turvaa loputtomasti. Raha

121

lisää valtaa ja valta kulkee rahalla, mutta rikkauksistaan huolimatta tunne-elämän ja sisimmän seuduilla heillä on kylmää, yksinäistä ja kolkkoa.

Eivät ystävyys, rakkaus tai tärkeät ihmissuhteet täyty rahasta tai vallasta. Ne täyttyvät ainoastaan sielun puhtaudesta ja rakkaudesta itsensä hyväksymisen ja arvostuksen kautta, juuri sinussa ja minussa. Rakkaus ei katso rikkautta eikä valtaa. **Rakkaus elää silloin kun se on pyyteetöntä ja epämukavan otollista, vaikkei saisi vastakaikua toiselta. Rakkaus ei muutu, tapahtui mitä hyvänsä.**

Lasten kasvatus, kuten eläinten hoiva, pitää sisällään parhaimmillaan tämän elementin: kaiken hyväksymisen rakkauden edessä pyyteettömästi ja kivuttomuuden aikajanalle ykköseksi aseteltuna. Sitä turvaavat helmen kirkkaat, timantin kovat onnen ja ilon ryppäät. Onni poikii aina uusia poikasia ja ne poikivat taas uusia. **Etsiessäsi ihmisyyden aarretta löydät ihmisyyden perimän tärkeimmän viestin itsestäsi.**

**Olemuksen olotilassa ihminen on juuriltaan sellainen, joka voi kehittyä, muuttua, onnistua ja oivaltaa itselleen parhaita asioita joka päivä ja aina.** Tunteiden käsittelyssä ja tunnetaitoja opetellessa ihmisyyden vivahteikas ja auvoinen suhtautuminen elämään lisää energeettistä mahdollisuutta myös suurempaan muutokseen. Siksi onkin hyvä tiedostaa, että vaikka joskus on sellaisia vaiheita oman elämänsä kanssa, ettei jaksa paneutua itseensä, mitään ei ole menetetty. Ihminen kykenee taipumaan kaikkiin lokeroihinsa, muotteihinsa ja ennakkoluuloihinsa juuri samoilla työkaluilla, joilla hän voi saada aikaan myös päinvastaista kehitystä. Siksi on hyvä tietää olevansa ihminen kaikkine monimuotoisine työvälineineen, muisteineen, intuitioineen ja järkineen ja että omaa suuria mahdollisuuksia saavuttaa juuri sitä, mitä aina on halunnut tai aina on itse oivallustensa puolesta tarvinnut.

*"Nestekertymä toki voi löytyä niin joista kuin ihmismielistäkin, ja silloin myös tunneskaalat tai oivallukset saattavat joutua vyöryihin.*

*Täten me olemme kehittäneet padot suojaamaan itseämme liian kovilta taakoilta kerrallaan."*

## Tehtävä

Jokaisessa asiassa on puolia aina kaksi tai useampi, eikä mikään ole niin päivänselvää, että se voitaisiin tulkita joka kerta samoilla ajatuksilla.

*Ihminen tekee usein kaikesta niin paljon vaikeampaa kuin se todellisuudessa olisi. Asioiden, tunteiden tai "menninkäisen mongerruksien" tulisi olla yksinkertaisuudessaan vain sanasia, jotka kietovat tuhat tunnetta ympärilleen hiljentäen ainaisen sekamelskan viulun vingutuksella tai olankohautuksella alleen.*

- Miten sinä tulkitset edellisen viestin?
- Mitä se voisi kätkeä sisälleen?

# Soturinainen

Asfaltti kiilsi valojen voimasta. Ohi menevien valojen kaiho tunkeutui mieleeni kuin sähköisku. Tuijotin ratin takaa tyhjyyteen, katse tiessä. Olin tyhjä. Kuin tyhjä ilmapallo, pelkät kuoret läsnä. Silmät itkusta kipeänä, aivot pieniksi rutistettuina toimin kuin automaattiohjauksella, kohti kotia ajaen.

Aika psykologin luona oli ollut taas loistava. Aukesin täysin. Olin riisuttu ja paljas. Romahdin haavoittuvaan, herkkään tilaan samalla juhlien oikeuden loistavaa päätöstä minun hyväkseni lapseni asiassa. Kaikki se julmuuden aiheuttama viha, joka minussa oli asunut monta vuotta vieraana pelon kupeessa, oli nyt posahtanut ilmaan, ja mieleni oli avoin muille tunteille ja ajatuksille.

Minut olivat joulun aikana täyttäneet uudet tunneskaalat lapsuuden, nuoruuden ja tähänastisen elämäni traumojen ja tapahtumien herättyä muistiini. Kaikki se kontrollin, suorittamisen ja itsen halveksumisen peitto oli kudottu aikaa sitten, ja nyt sieluni halusi minun tutustuvan oikeasti itseeni, ytimeeni. Ei uskomuksiin, varjoihin tai tapoihini, vaan paljaaseen minääni.

Olin saanut kuulla, että "Mieli on siitä ihmeellinen, että se suojelee vaikeina aikoina ja traumahetkillä muistin tempuilla. Varjoon jääneet asiat saattavat ponnahtaa esiin sopivina palasina, kun niillä on tarpeeksi turvallista tulla valoa kohti." Nyt oli siis aika alkaa taas tutustua itseeni.

# Hetki itselleni.

Lipuvien laineiden sävel herskyy korviini tuulen hyväillessä kasvojani. Upotan varpaani veteen tuntien sen vireyden, aistien väreitä koko kehossani. Laiturin hellä keinunta tanssii hengitykseni tahtiin. Suljen silmäni ja käännän kasvot kohti aurinkoa. Annan lämmön hyväillä ihoani ja sieluni kylpeä energiassaan.

Hengitän, kuuntelen. Istun hiljaa nauttien. Lokkien kirkuna kantautuu lopulta tajuntaani jostain kaukaisuudesta. En anna sen häiritä. Istun vain, ja nautin. Itsestäni, auringosta, rauhasta. Tästä hetkestä.

# LUKU 12

# Tunteiden Valtakunnassa

Tervetuloa tunnistamaan tunteita ja löytämään uusia ystäviä! Kohtaa rohkeasti ystäväsi ja itsesi esittämällä kysymyksiä ja ajattelemalla ääneen. Kaikki tunteet ovat sallittuja, luovuus on mukanasi ja mielikuvitus vain rajanasi.

Anna itsellesi lupa tuntea, hyväksyä ja iloita, jos sen aika on. Jos Surun Meret valtaavat, kohtaa ne kunnioittaen ja armosta käsin. Sinulla on kaikki avaimet omiin lukkoihisi: ne vain odottavat löytäjäänsä.

Olen jättänyt tilaa jokaisen tunteen alle omille ajatuksillesi ja oivalluksillesi. Käytä se itseäsi varten, juuri sillä tavalla kuin sinua puhuttelee.

## LAUPEUS

Laupeuden hetkellä onnistut olemaan se, mitä syvimmiltäsi olet. Kumpuat voimaa, rakkautta ja rohkeutta. Aistit värähtelyt ympäristössäsi ja kurkotat pilviin itsesi kanssa. Laupeus antaa voimaa ja valoa jokaiseen tummuvaan sydämeen helpottaen tuskaa, surua tai vihan tuntemuksia.

Laupeus antaa elämällesi vahvaa tukea.

- Mikä saa sinut tuntemaan laupeuden eri sävyjä?

# INHO

Inho ruokkii ainokaisen mättään marjaa, joka ponnistuksistaan huolimatta ei kykene maistumaan paremmalta.

Inhottavat aistimukset ilmaisevat tilanteen epämääräisyyttä tai sietokyvyn rajoilla oloa. Inho auttaa havaitsemaan epämiellyttäviä asioita ja ongelmien taakse kätkeytyviä kuoppia.

- Onko elämässäsi asioita, jotka kasaavat inhon tuntemuksia joka kerta?
- Voisitko tutkia sen syntymisen pohjalla olevia tekijöitä?

## LUMOUS

Lumouksen vastakohtana loistaa synkkyys. Meri, joka vie ula-
palle, muttei pääty koskaan. Lumous haihtuu vain jos päästät sen
pois sinusta. Lumous on pelastus tai kahle, mutta voit aina itse
valita sen mieleiseksesi.

- Lumoudutko koskaan itsestäsi?

# KIRKKAUS

Kirkkauden edessä seisot alasti, oma paljas itsesi avoinna maailman syleilylle. Kirkkaus lisää elämän myönteisiä kokemuksia.

- Kirkkaudessa eläminen tuntuu hyvältä ja tasapainoiselta. Miltä sinun elämäsi näyttää tai tuntuu tänään?

## VALO

Valo on kajastus onnesi aalloissa, jotka lipuvat satamaan uskolli-
sena itselleen. Valo tuo elämäsi unelmiin lisää potkua.

* Näetkö valoa siellä, missä on synkin nurkkasi?

## HERKKYYS

Herkkyys uskoo kaiken, minkä korva näkee edessään. Se heijastuu rakkaudesta, joka on käsin kosketeltavan hauras, silti luja ja vahva. Herkkyys heijastaa sisäisyyttä.

- Herkistytkö linnunlaulusta tai eläinten tempuista? Entä päivänkakkaran sanomasta tai rakkauden laulusta?
- Mikä saa sinun herkkyytesi avautumaan?

## TAIKUUS

Taikuus uskoutuu monien maiden avoimille oville kertoen uskollisten sielujen elämänmatkasta luotettaville henkilöille. Taikuus on elämän eliksiiriä, jota voi maistaa aina kun itse tahtoo. Se tekee elämästä jännittävämpää ja rohkeampaa.

Eliksiiriä löytyy luonnon ja oman Olemuksen välimaastosta, eikä kukaan muu voi sitä sinulle antaa: vain itse voit taikuutesi toteuttaa.

- Taiotko itsellesi hyvän ja tasapainoisen elämän vai jumitatko vanhassa ilman mitään päämääriä?
- Taiotko mielelläsi unistasi voimaa päästäksesi kohti uusia mahdollisuuksia?
- Voisitko nähdä jotain muuta kuin mitä elämäsi ei ole vielä sinulle tuonut eteesi?

# LUOTTAMUS

Luottamus on kaiken A ja O, eikä ilman sitä ole rakkauttakaan. Pelkojen ja eripuraisuuksien on siis ensin väistyttävä, jotta luottamus on mahdollista. Ja vasta sitten voi rakastaa.

- Kuka on se, kehen luotat syvimmin?
- Voitko luottaa siihen, että maailma palvelee sinua juuri siten kuin peilaat itseäsi Universumille?
- Kenen luottamus on ansaittava sinun lähtökohdistasi katsoen?
- Onko luottamuksen rakentaminen ihmissuhteissasi vaivan arvoista?
- Estääkö jokin sinua luottamasta tulevaisuuteen tai omaan onneesi?
- Mikä?

## ROHKEUS

*"Rohkeus on sitä, mitä pelätä et ennä.*
*Usko siipiesi suojaan, anna ajatusten mennä."*

Rohkeus asettaa sinut alttiiksi sille, mitä pelkäät eniten. Aseta päämääräksesi ylittää pelkosi armollisuuden ja rakkauden turvassa, äläkä epäröi omaa uskoasi silloin, kun rohkeus kutsuu sinua luokseen.

- Mikä on sinun rohkein tekosi?
- Milloin sinä uskallat olla rohkea?
- Mikä kuvaisi parhaiten oman tarinasi rohkeaa hahmoa?

# RAKKAUS

*"Kultamuurilla istun, rakkaudesta juurrun.*
*Sit nousen syvään laaksoon,*
*sen unipuille saakoon syvän huokauksen sanan:*
*'Olen tullut takas, olet mulle rakas.'"*

Rakkaus vetää ihmisen sanattomuuden äärelle, ja sen pyyteettömyyteen kuljetaan joko turmiollista tai aistikasta polkua pitkin. Synkimmillä hetkillä uskon voi löytää kertomalla itselleen viestejä sydämen viimeisimmästä lokerosta.

Rakkaudesta löytyy avain onnen hetkiin joka päivä. Rakkaus on ihana sävelmä, jota sielu ja ruumis soittavat lempeästi ja vahvistaen luonnon kauneuden syvimpiä sointuja.

- Rakastatko itseäsi niin paljon, että joka aamu kysyt itseltäsi: "Miten minä voin tänään?"
- Tuleeko sinulle sellaisia oloja, että haluaisit halata itseäsi kaksin käsin, hihkua kuin parhaan ystävän kanssa ja viettää päiväsi vain itseäsi kuunnellen ja hehkuttaen?
- Miten sinä voisit lisätä rakkautta elämääsi?
- Mistä sinun rakkautesi ammentaa?
- Onko rakkautesi pyyteetöntä?
- Voitko rakastaa ehdottomasti?
- Onko rakkauden sävel sinulle vapaana virtaava melodia vai vankina vingutettu viulunsävelmä?

Muistiinpanoja:

## ILO

Ilon enkelten laulu soi joka päivä sinun sielusi tanssiessa sydämen rytmittämää musiikkia. Ilo täyttää kehon ja mielen jokaisen sopukan, eikä mikään riko sen suloista onnenkantamoistaan. Vain sinulla ja sisäisyydelläsi on merkitystä, ei ulkoisilla asioilla, ennen kuin olet löytänyt ilon itsestäsi.

- Iloitsetko tänään yhtä paljon kuin eilen?
- Iloitsetko ympäristöstäsi, unelmistasi, äänimaailmastasi, kuvittelustasi?
- Iloitsetko kaikesta siitä, mitä sinulla ikinä onkaan, tässä ja nyt?

## HAUSKUUS

Hauskuuden avain löytyy aidosta Olemuksestasi käsin, maailmaa naurattavien asioiden sisältä. Hauskuus ohjaa elämän vesiä sekä mannerten maisemia. Hauskuus kypsentää iloa ja saa sydämeen lisää voimaa.

- Hauskanpitoa on monenlaista. Onko sinulla ollut viikon aikana niin hauskaa, että et ole malttanut lopettaa jonkin asian tekemistä, tai hykertävää naurunremahdusta, joka on vavisuttanut luita sekä ytimiäsi?

# KAUNEUS

Kauneuden edessä heijastus rumuudesta näkyy molempien kasvoilla. Usko kauneuden voimaan äläkä saavuta päämäärääsi vain maallisesta mammonasta käsin. Käytä kauneutesi onkaloita aina maltilla, jolloin saat siipiesi suojaan kaiken hyvän ja arvokkaan.

Kauneus asettuu rumuuden varjoon joka hetki aistien jokaisen liikkeen ja sanan hienommasta rakkaudestaan käsin.

- Onko kauneutesi se, mikä häikäisee sinut joka päivä samalla tavalla?
- Onko kauneutesi se, joka jatkuvasti peittää kaiken muun alleen etkä kuitenkaan ole siihen tyytyväinen?
- Onko kauneutesi mitta vain ulkoista vai pystytkö näkemään syvemmälle?
- Kauneudessasi voisit tehdä jotain erilaista ja auttaa vähäosaisempia. Mitä se olisi?

## ONNI

Onnellista on elämä omimmillaan, omistaessasi vain kasan multaa ja suuren sydämen.

Kiehtovalla onnenkantajalla on useita ovia auottavanaan. Onni seuraa jokaista, joka sieluansa haluaa puhdistaa ja lempeästi vie elämänsä sen lävitse.

Näytä kykysi rakastaa, ja onni seuraa kulkijaa omien polkujensa juurelle. Onni poikii siellä, missä valo kajastaa synkkyydenkin läpi.

- Onni on aina läsnä, jos sen sallit sen astua esiin. Missä kaikessa sinä näet onnea?
- Oletko koskaan tuntenut olevasi niin onnellinen, että et voi kuin antautuen nauttia sen energiasta? Kaikki onni nimittäin löytyy ensisijaisesti olemisen olotilasta käsin.

# USKO

Usko kulkee mukana Olemuksen kiehtovuuden vahvuudeksi. Ihmisyyden usko on itsensä ja elämänsä rakastamista, toivoa sekä unelmien täyttymistä oikeilla sfääreillä. Usko kietoo mukaansa ohutta seittiä toivoa, myötätuntoa, turvaa ja rakkautta sekä vahvistaa Olemuksen kirkkautta.

Usko siihen mitä haluat sanoa syvimmällä rinnastasi pulppuavalla soinnulla.

- Uskotko unelmiisi?
- Uskotko satuihisi, jotka piilottelevat viittasi alla aina viimeiseen saakka?
- Uskotko elämään ja sen tuomiin ihanuuksiin?
- Vai uskotko omasta turmioituneisuudestasi käsin kaikkeen ulkoa päin tulevaan?
- Uskotko itseesi? Vai uskotko siihen, että aina joku muu voi toteuttaa muutoksia elämässäsi?
- Uskotko maapallon voimaan saada sinut ja kaiken kansan onnellisuuden tilaan, kunhan vain sinäkin teet oman vastuusi verran?
- Mitä usko sinulle merkitsee?

## ITSETUNTEMUS

Etäämmällä seisovat uskovat olevansa Keijumetsän tulokkaita ei-
vätkä uskalla kiivetä leikkiin.

Olemus huokuu syvintä kaipuuta omaan sisimpäänsä. Tunnista
syvin kaipuusi ja näe itsesi kokonaisena rakkauden lähettiläänä.
Luo luja ote suhteeseen itsesi kanssa ja huou suloisia sävelmiäsi
maailman ääriin saakka.

Itsetuntemus korostaa sielun ja sanojen yhteistä sointua.

- Itsetuntemus on laaja käsite, eikä sitä voi mitata muuta-
  malla sanalla. Miten hyvin sinä tunnet itsesi?
- Mikä on olennaista juuri sinun elämässäsi tällä hetkellä?
- Miten sinä koet olevasi vastuussa kaikesta, mitä kirjassani
  olen tuonut esille?
- Herättääkö se sinussa suuria tunteita, kipeitä iskuja tai
  juuri sopivaa melankoliaa?
- Mikä on sinun mittapuullasi hyvä elämä juuri sinulle?

# MOTIVAATIO

*"Antaudu vietäväksi, älä estele ja kiistä,*
*sillä se, mitä teet, ei sydäntä riistä."*

Motivoidu hyvistä hetkistä ja saavuta ilmiömäinen päämääräsi sen suhteen, mikä eniten houkuttelee olemassaolollaan. Motivaatio yllättää sinut joka kerta toimimaan yli odotustesi.

* Motivoidutko vain ulkoisista virikkeistä vai voisitko saada jatkumon tunnetta myös sisältäsi?

* Aistitko usein Olemuksessasi jotain, mikä pidättelee innostustasi tai toimeen tarttumistasi?

* Olisiko se asia, joka motivoisi sinua eniten, kunhan vain päästät sen valloilleen?

# TAHTO

*"Anna tahdolle usko ja luottamus suuri,*
*silloin särkyy tie ja murtuupi muuri.*
*Suuri ja synkkä sola vie tuntemattomaan,*
*mut muista, onni voi sua kohdatessaan*
*vain iloon johtaa tuon*
*ja lauluja laulellen kiitää halki suon*
*ja lehdykellen antaa kaikki tuo,*
*mitä rakkaus suuri luo."*

Tahdo asioita, joita et voi saavuttaa rahalla. Tahto kumpuaa syvältä sinusta, ja sitä ei estä mikään vääryys.

Tarvitsevuus on osa ihmisyyden perintöä kirkkaimpinekin tähtineen. Näe ja kuule, aisti ja luota. Tiedät itse mitä tahdot. Tarve kertoo, mitä haluat syvimmillä sielusi sävelillä, mutta mille et ole antanut vielä tilaa.

- Tahdotko vain tahtomisen ilosta vai haluatko asioita jonkin vuoksi?
- Saatko ylipäätään tahtoa vai onko tahtosi hiljennetty jo lapsuudessa?
- Tahdotko elää onnellista elämää?

## RUMUUS

Rumuus kertoo sisäisestä tyhjyydestä.

- Mitä rumuus sinulle merkitsee?
- Voiko ruma olla kaunista tai kaunis rumaa?
- Mikä sinut saa tuntemaan rumuutta?
- Kysytkö koskaan itseltäsi, mikä saa olla rumaa?

## SURU

Suru viitoittaa elämäsi polkuja niillä hetkillä kun menetys on suuri tai kun sorrut vastustamaan sielusi sanomaa.

- Suretko asioita, joita ei ole vielä tapahtunut?
- Kenelle suru sallitaan mielestäsi?
- Kuka saa päättää toisen surun kestosta tai sen mittakaavasta?
- Onko eläimillä oikeus surra, ja voitko antaa siihen tilaa?

# TOIVO

Toivo onnea, toivo kaikkea, mitä elämä voi antaa. Toivo uskoa onneesi, ja taa se elämällä itsestäsi käsin. Toivo on laupeuden tuoma lahja jokaisen elämän aavoilla vesillä.

* Toivotko aina vain muille jotakin vai saatko toivoa myös itsellesi?
* Oletko toiveidesi arvoinen vai tunnetko sen olevan muiden etuoikeus?
* Toteutuvatko toiveesi koskaan siitä käsin, mitä muut sinulle toivovat?
* Toteutatko omia toiveitasi kuinka usein?
* Toivomuksen lähteeseen on vain yksi toive jokaiselta. Mitä sinä silloin toivoisit kaikkein eniten?

# ARMOLLISUUS

*"Anna tuskan tuivertaa kylmät kolhut*
*ja rakkauden puhaltaa sen villeimmät mourut.*
*Lataa armoa uskoon ja toivoa teille,*
*näe kangistuksen kuva ja pelkoihin meille*
*voit vapahtajalle loistaa sen kirkkauden teistä,*
*jotka syntinsä näki ja voittaa laupeuden meistä."*

Armollisuudesta käsin saat itsesi näyttämään juuri siltä, mitä olet syvimmillään sielusi kuvajaisena. Armollisuus korostaa Hyveiden Valtakuntaa ja sallii ihmisyyden jokaisen polun omakseen.

- Armosta käsin voi toteuttaa mitä vain. Mitä sana 'armollisuus' sinulle merkitsee?

## AUTUUS

Autuus herättää innostuksen ja palon sielun ja sydämen yhteis-
työhön.

- Mikä on sinun autuutesi suunta?
- Entä väri tai symboli?
- Mitä autuus sinussa herättää?

# TURVA

*"Turvassa lehdon voi nukkua kehdon*
*ja laittaa lasta nukkuun, kun käki vielä kukkuu.*
*Voi maistaa mesiyrtin ja uinahtaa kehtoon,*
*mut onni potkaisee, jos vaivut sä mehtoon."*

Turva takerruttaa liikaa, jos juuresi ovat hennot ja ontot. Täysin turvassa olet itsesi kanssa, kun olet tunnistanut jokaisen syöksevän lohikäärmeen tai Midaan kosketuksen. Paina pääsi pensaaseen vain, jos olet peloissasi, mutta muista löytää tie ulos sydämesi kautta.

- Oletko turvassa itsesi kanssa?
- Oletko turvassa muiden keskellä?
- Oletko turvassa, kun sinua surettaa tai sinua pelottaa?
- Mikä luo sinun turvasi?
- Voitko antaa turvaasi joillekin toisille sitä tarvitseville ilman pyytämistä tai pakkoa?

## SUOJELIJA

Suojeluksen syvin uhka asuu pienen matkan päässä olosi asumuksesta, joka vetäytyy varjoihin. Muista ottaa suojelija ylhäältä, äläkä milloinkaan etsi sitä pimeästä.

- Suojelun päämerkitys on rauha sekä pelon minimointi. Mikä on sinun suojeluksesi taso?

- Onko sinulla suojelijaa, joka turvaa selustaasi aina kun sitä tarvitset?

# TUSKA

*"Kipu yltyy varjon ja sataa taivaista,*
*ei pelon kahva kuole eikä hypi onnesta.*
*Lataa kuoleman suru tai poista tuskani,*
*se kipu meille toi päivän, oman valoni.*
*Kipu yltyvi on öisin, kun nukkuessa saan*
*mä olla onneni, jota toisille jaan.*
*Näe kirkkaus onnesi ja tuska unhoita,*
*pikkuhiljaa ylle sen rauha koverra."*

Tuska petaa tiensä joka kerta, kun kipu ylittyy. Se kovertaa ja tekee sielusta kuperan, mutta sen voi tyhjentää kirkkaudella ja rakkauden äärettömällä loistolla.

- Mitä tuska haluaa sinulle sanoa?
- Kirjassa novellit perustuvat paljolti minun kokemaani tuskaan. Mitä ne sinussa herättävät?
- Mikä merkitys tuskalla on sinulle?
- Mitä tuska haluaa sinulle viestittää?

# VOIMA

*"Voiman mahti sen on mitä suojelen.*
*Ei lataa meitä luoti, ei kimppuun ampaise,*
*vaan uskoni on vouti, jok' ei yksin hallitse.*
*Se näkee kivun läpi ja hyökkää ilolla,*
*saa piinan loihdituks' rakkauden loisteella*
*Vie määränpäähän sinne, houkuttaa kutsullaan*
*ja näkee ilon silmin, se voittaa julman maan."*

Voimakas on se, joka Olemuksia auttaa, se, joka tiedollaan saa sydämensä huutamaan rakkautta apua tarvitseville.

Kun voima kumpuaa sisältäsi, kukaan ei voi sinua vahingoittaa tai lannistaa. Voimassasi piilee heikkouksia alla, mutta se suojelee sinua, kun ne tulevat esiin.

- Voima on sinussa! Mikä on sinun voimasi?
- Voimakkaan tunneryöpyn jälkeen koet olevasi avoinna kaikelle ja vastaanottavaisimmillasi muutokselle. Minkä voimistasi valitset silloin päästäksesi eteenpäin?

# HÄPEÄ

Häpeilevin viehein ei saa oloaan onnelliseksi. Vie häpeän huntu pois ja vangitse syvin Olemuksesi mitä ihmeellisempien uskon ja toivon kimallusten piireihin. Elä elämäsi onnesta ja ihmetyksestä käsin. Hallitse ilolla, älä tuhlaa häpeällä.

Häpeä kertoo syvistä soista ihmisen elämän juurilla eikä päästä helpolla otteestaan. Olemuksesi puolestaan on sitä syvintä sinua, joka ei sellaisesta piittaa, vaan rakastaa sielusi ja sydämesi yhteydellä. Olet Olemuksesi syvin kertomus.

- Häpeätkö itseäsi?
- Häpeätkö toisia?
- Häpeätkö mitään, mikä herättää muissa kiinnostusta ja kiehtovuutta?
- Häpeiletkö seksikkyyttäsi tai iloisia avujasi? Häpeiletkö nautintoa tai sen etsimisen työkaluja?
- Mitä sinä häpeät? Häpeän takana on aina monta muuta tunnetta, joten sen taakse kurkistamalla saattaa löytyä avain uuteen todellisuuteen.

## HARTAUS

Hartaus levittää onnen siipensä, jotka ilokkaasti kannattelevat kohti päämääriä. Hartaus muistuttaa sinua, joka olet yhtä itsesi ja luonnon kanssa.

- Hartauden mittakaavassa voit olla hyvin pieni tai keskikokoinen. Suureen hartauteen pääsemiseen tuskin on mitään työkaluja tai voimia, sillä hartauden on tarkoitus olla tasapainoista. Mitä hartaus sinulle merkitsee?

# MIELIKUVITUS

*"Täytä musiikkisi kaiku ja ilo ilmoita,*
*näy tanssivin keijuin ja uuteen kurkota."*

Mielikuvituksellisin tapa on olla oma itsensä, nähdä kaikki se, mitä sydän kertoo, ja loistaa tästä sielun kirkkaudesta käsin.

Mielikuvitus saattaa sinut läpi kotoisten kontujen aina pyövelikirkolle saakka. Usko mitä tunnet ja koet ja väritä elämäsi aistikas matka itsesi näköiseksi.

- Muistatko lapsuutesi mielikuvituksen, jossa seikkailit aavoilla vesillä tai löysit kenguruita piiloistaan huoneessasi?
- Miten mielikuvituksesi on kehittynyt aikuiseksi kasvettuasi?
- Mitä on jäänyt jäljelle sen menetettyäsi?
- Mitä tapahtuisi, jos saisit tehdä mielikuvitusmatkan maailman ääriin?

# LUOVUUS

*"Ilo luovuuden on portti, joka vie sut pitkälle*
*nähtävyyksien talven ja ilon kesälle.*
*Vie läpi purjein kevein kuin höyhen hentoinen*
*ja lipuu läpi meren kuin aallokkoa sen.*
*Ja uskoo pyhään sanaan, mitä itse tarkoitat,*
*luo onnen merten valaan, josta voimaa ammennat.*
*Voiman vahvuudeksi se merten valtias saa*
*sinut sinne teille mit' koskaan kurkottaa.*
*Näe onni, kuiskaa 'kuule' ja sano 'hyvästi',*
*vie merten kova tuuli ja loista syvästi."*

Luovuus on väylä, jonka kautta voit toteuttaa sielusi kuvia, sydämesi kirjeitä ja ytimesi säveliä.

- Luovuudella ei olisi mitään rajaa, jos me itse emme sitä estäisi. Missä kohtaa elämääsi sinä olet hukannut luovuutesi?
- Mitä tekisit sen löytämiseksi?
- Mille matkalle päätyisit, jos päästäisit irti ja jatkaisit ytimesi äärellä matkaasi?
- Millaiselta näyttäisi mestariteoksesi elämäsi suhteen, jos olisit täydellinen taidemaalari?
- Mitä täydellisyys sinulle tarkoittaa?
- Mikä mahti saisi sinut tarttumaan siveltimeesi ja tekemään unelmistasi totta?

- Tätä kirjaa kirjoittaessani olen maalannut monet kuvat, sekoittanut värejä, sivellyt liiduilla ja rytännyt roskikseen. Olen kirjoittanut sanoja pötköön, aistinut luontoa, siipeillyt puiden alaoksilla ja mittaillut tuulen voimakkuutta. Olen kuunnellut satoja erilaisia ääniä, tanssinut musiikin tahdissa sekä uskonut unelmiini ammentaen iloja vahvuuksistani, hakenut suojelua lemmikistäni, saanut tahtoa tärkeiden asioiden kirjoittamisesta ja antautunut kaikelle sille, mitä luovuus on minussa herättänyt: iloa, voimaa, valoa, kirkkautta, surua, tuskaa ja satoja muita eri tunteita. Mitä tunteita luovuus sinussa herättää?

# HIMO

*"Voi löytyä se sieltä, mit' kätkeä et voi,*
*vain julma lause korun se menneiltä sul' toi.*
*Voi löytää se luokse kun unhoitat sen*
*ja uskallat luoda sen vapauden.*
*Vie tarttuvi pieni nyt menneheisin*
*ja antavi olla sen heiveröisin.*
*Vie pois itku vyyhti ja antaudu vain,*
*se tuskissaan kierii, mä tehtävän sain.*
*Himo tyystin loppuu kun unhoitat maan,*
*jok' julmana voihkii, saa suruilemaan.*
*Ratsasta onneen kun himo myrskyn jää*
*ja kurkotat mahtiin, se tyynnyttävi sään."*

Himo hukuttaa tuhannet toiveet varjonsa alle. Uskalla nousta ylös sen suusta ja jatka matkaa aina kivun juurelle saakka. Löydät sieltä tien ulos.

- Himoitsetko jotain sellaista, mitä et haluaisi tuoda päivänvaloon?
- Himoitsetko jotain, mitä itseltäsi puuttuu? Voisitko tehdä asialle jotain?

## HAIKEUS

*"Haikeus on laulu jok' jättävi maan*
*ja onnesta löytyy ken kukapa vaan.*
*Vie loihdinta loppuun ja laula sä vain,*
*kun haikeus on nöyrin, ei tehtäviä lain.*
*Ei rinnalta poistu se pakottaen,*
*kun kuulevi kutsun muukalaisen.*
*Aikaa se vaatii, mut unhoita en*
*mä sydäntä koskaan tuon menninkäisen.*
*Usko rauhaan ja iloon, se kestävi vain,*
*jos murrat sä kahleet ja rakastat ain."*

Haikeuden viesti on syvä kaipuu sinne minne sielu halajaa.

- Haikeuden mittakaavassa ihmisyys on vain olento haikeuden syleilyssä. Millaisena haikeus sinussa näyttäytyy?

# NÖYRYYS

*"Nöyränä miehen on koiransa sen*
*uskollisen onnen ja luottamuksen.*
*Näin ilon kanssa koirain, nyt rakastaa vain,*
*ei kumarra kukaan, se lepääpi ain.*
*Murhe ja valta heit' kosketa ei,*
*toinen ne toistaan unhoita ei. "*

Nöyryys tekee ihmisestä sen, mitä hän on parhaimmillaan; avoimena ja luottavaisena hän kunnioittaa jokaista elämää.

- Miltä nöyryys sinussa tuntuu? Mitä nöyryys sinulle merkitsee?
- Jos nöyryys olisi väri, miltä se sinussa näyttäisi?
- Nöyrrytkö aina kaiken edessä?
- Nöyrrytkö elämälle?
- Millainen nöyryys on ihmiselle mielestäsi hyväksi?
- Nöyryytätkö muita?

# LUONNOLLISUUS

*"Luonto lauluaan laulaa ja viljelee vain*
*se mahtiaan aina ja rakkahintain.*
*Jokaist' rakastaa ja kunnioittaa sua,*
*ei unholaan se lain vie sua eikä mua.*
*Antaa armoa nöyrää ja kuvittelee,*
*et onnea jakaa se asukilleen.*
*Ei antaudu kovin mahdille sen,*
*ken tuhoon voi syöstä sen tuomiten.*
*Ei auta se meitä, jos kätemme kai,*
*ikiroudan ja hyveet se multiinsa sai.*
*Usko ihmisiin on, mut eläimiin vei*
*se mahdin jo pois itku povellein.*

*Haluu antaa se niil eläinpoloisilleen avun turvan ja kupeen*
*ihan loistavan sen, joka avartuu meil' joka kerjäläisen.*

*Anna eläinten olla, elää yhtenä muun,*
*olla luonnossa kanssa lehvän ja puun.*
*Heittää ilmoille haukun juosta metsiinsä sen,*
*jota uhkailee julmat vesat ihmisten.*
*- Älä poista sä meit', jotka ilon taikovi*
*joka solulle teil' ja riemun ratkovi!"*

Luonnon mitta ihmisyydelle on hyväsydämisyys, eikä se pidä yhtään minään niitä, jotka tekevät tihutöitä toisilleen.

- Onko luonnollisuus sinulle uhka vai hyve?
- Peitätkö omaa luonnollisuuttasi pelkojesi seurauksena?
- Mitä pelkäät silloin?

## VAPAUS

*"Vapaus ratkevi onnen, elä lintuna sen,*
*minkä nähdä sä sallit kera kerjäläisen.*
*Ota ilo mukaan siihen, mitä tahtoo sydämes,*
*tee kirjoitus tai laulu, elä mailla vapautes."*

Vapaus mahdollistaa kaiken, mitä ikinä voit sydämessäsi maan päällä kantaa.

- Vapauden hinta kiehtoo jokaista. Mikä on sinun vapautesi hinta?

# VAHVUUS

*"Ote vahvuuden on luona olematon,*
*jos rinnassain vain tuhat murhetta ain,*
*peittyy se vain aina varjoissain.*
*Mut syvälle se on silti juurettunut."*

Vahvuuksistasi käsin ammentaen, uskoen itseesi ja antautumiseen tunnet, kuinka elämäsi virtaa juuri siihen suuntaan, mihin aina olet kaivannut.

Antautumisen lähtökohdasta katsoen elämäsi ei enää ole mitään osoitetta vailla, vaan se kerää ympärilleen juuri niitä tunteita ja asioita, joista voit ammentaa Ikuisen Elämän Eliksiiriäsi: rakkautta ja onnea.

- Mistä saat voimaa?
- Mikä on sellainen ominaisuus sinussa, joka tuo sitä voimaa sinulle?
- Onko olemassa jokin eläin, joka kuvastaisi vahvuuttasi?

## KAIPAUS

Kaipaus vie ihmisen unimaailman syvimpien huokausten aittaan. Se vie sinut maailmojen äärelle syvänä ja loistokkaana, tiedostaen oman epätäydellisyytesi.

- Mitä sinä kaipaat?
- Millaisia tuntemuksia kaipaus tekee kehossasi?
- Mikä on kaipauksesi tarkoitus?

# INTUITIO

*"Voi nähdä, kuulla kaiken ja unta olla taiten.*
*Se kaikki ompi syvää rakkauden jyvää.*
*Kun kiillon päältä etsin, käy sydämeni metsin.*
*Voi olla onni kovaa, voi saada kasan soraa.*
*Lailla uni maassa, ei näy sun kantajassa*
*mitään määrää näitä, onnen härkäpäitä. "*

Intuitio ohjaa sinua sinne, minne sydämesi ja maallisen yhteytesi toive yhdessä kulkevat. Jaa yhteys tietoisuudesta ja tiedostamattomuudesta käsin, äläkä sammuta sen liekkiä liialla järkeilyllä.

- Osaatko ottaa intuition käyttöösi?
- Tiedätkö sen tuntemuksen, joka erottaa intuition ja egon?
- Löydätkö yhteytesi luontoon tai muihin ihmisiin intuition voimalla?

## PELKO

Pelon kurja ote syöpyy ja väistyy ilon tielle. Se nakertaa turhauttaen teot laimeiksi ja vääryyden vallalla uhatuksi. Pelko on suoja, mutta se on myös piina. Anna pelolle rakkaus ja väsytä se, sillä se, mikä eniten hallitsee, on ilo.

- Mitä pelkäät eniten maailmassa?
- Mitä pelko kertoo sinulle?
- Uskallatko katsoa pelon taakse, jos sinulla on rinnallasi turvallinen ihminen?
- Pelkoihisi voi vaikuttaa. Uskallatko olla rohkea?

## PAHUUS

Pahuus on taidottomuutta ja puutetta. Pahuus on ajattelemattomuutta ja hylkäämistä. Pahuus on kipua ja kärsimystä. Voisiko hyvyyttä olla ilman pahuutta? Onko vastavoiman laki sanellut, että puute ja kärsimys ovat tie hyvyyteen?

Jos tästä hetkestä lähtien jokaisella lapsella olisi täysipainoinen, tasapainoinen elämä kaikkine tarpeineen, toiveineen ja rakkauksineen, olisiko mahdollista, että 40 vuoden päästä he eläisivät hyvyydessä kasvattaen alati samankaltaista jälkipolveaan?

Silloin vain hyvyys vaikuttaisi ja valo virtaisi?

Ajatus tähän tekstiin lähti siitä, kun huomasin, kuinka katalaa aikuistenkin somemaailma voi olla. Mitä tapahtuu kulissien takana piilotellen, juonien ja omia vaille jäämisiään kriiseillen? Maailmaan mahtuu monenkirjavaa kulkijaa, ja jokainen voi ottaa vastuun vain itsestään (aikuisen maailmassa). Onneksi jokainen voi itse valita, vaikuttaa ja toimia omalla polullaan. Ja antaa esimerkkiä lapsilleen, toivottavasti suotuisalla tavalla. Pidetään huolta itsestämme ja toimitaan siten kuin toivomme toisenkin toimivan itseä kohtaan.

• Mitä ajatuksia kirjoitus sinussa herättää?

## LEIKKI

*"Leiki, leiki lapsonen, unen maille hiiviskellen*
*tartu sormeen menninkäisen, jopa Hiisi Hemminkäisen.*
*Usko sadut painajaisten, loihdi laot kimalaisten.*
*Anna mennä prinssin linnaan, ei ainokaisen pojan Villaan.*
*Laita meille uunileipä, usko, rakkaus meitä peitä."*

Yksi syvin muutosta vahvistavista energioista on leikki. Lisäsin sen tänne viimeisenä, ja se on merkittävä huomio itsellenikin siitä, kuinka helposti se aikuisen arjessa unohtuu.

Leikin silti päivittäin, työssäni ja vapaa-aikanani. Leikin lasten kanssa, eläinten voimin ja itsekseni värien tai mielikuvitukseni kesken.

Tähän leikki päätyi siten, että koirani Retu muistutti minua sen tiimoilta ulkohangessa liikuskellessamme. Syvässä ojassa upotti, ja suuri koira upposi hankeen. Iloisesti se silti alkoi hyppiä kuin gaselli ja sai siitä lisää energiaa tielle takaisin pääsemiseksi, vaikka matka näytti hyvin hankalalta.

Uskomattomia ovat eläinten opetukset, ja vain niitä kuuntelemalla voi nähdä. Ja oppia.

- Mitä sinä leikit mielelläsi?
- Onko leikki vain lapsen oikeus vai voisitko sinä oppia lapselta jotakin merkityksellistä?
- Annatko itsellesi luvan leikkiä?

- Mikä on pahinta, mitä voi tapahtua, jos antaudut leikin huomaan?
- Mitä jos tästä eteenpäin saisit leikkiä joka päivä? Minkä leikin valitsisit tänään?

Muistiinpanoja:

# Lopuksi – Päättymätön tarinani

Tähän kirjaan on kertynyt oleellisin tietämykseni asioista. Mielipiteisiini ja omiin ajatuksiini perustaen tämä teos on oman intuitiivisen, tunneperustaisen tekemiseni tulos.

Kirjaa tehdessäni huomioni kiinnittyi vahvasti aiheisiin, jotka ovat olleet läsnä läpi elämäni. Kirjoitukset perustuvat omiin kokemuksiini, tutkimiini ja lukemiini asioihin sekä tietoihin, jotka olen saanut luonnolta, eläimiltä ja kanssakulkijoiltani.

Vaikeudet elämässäni ovat muovanneet minusta sen, joka olen, ja vaikuttaneet siihen, että pystyn olemaan avoin myös selittämättömälle. Kaikki tieto on kanavoitunut kirjaani juuri sen tiedon kautta, joka vahvimmin liittyy syvimpään Olemukseeni.

Hyvä lukija! Toivon sydämeni äänellä, että kirjani herättää sinut harkitsemaan tulevaisuuden muutoskykyäsi ja olemaan osa yhteisöä, joka kantaa vastuuta huomisestamme.

Ystävällisesti Sinun,

Päivi Kilpinen

Olen ratkaisukeskeinen valmentaja ja kasvattaja, joka tekee työtä sydämestä ja sielusta käsin kaikkien elämien hyväksi esimerkillään ja rakkaudellaan.

Löydät minut Instagramista nimellä @kirjailijapaivikilpinen. Sieltä pääset lukemaan lisää minusta ja tulevista projekteistani. Olet tervetullut juttelemaan, kysymään, kommentoimaan ja käymään keskustelua.

"Elämän kiehtova tarinallisuus aukeaa juuri silloin, kun kuljet läpi Tunteidesi Valtakunnan kohti Määränpäätäsi ja aistit itseäsi jokaisella solullasi. Aistien merkitys on suunnaton, ja kuuntelemalla niitä näet hyvän hyödyksesi joka hetkessä.

Kanna mukanasi reppua täynnä iloa, tunnetta onnesta, kyyneleitä surun varalle ja kipua kokemaan kaihoisaa menettämisen tuskaa. Jokainen tunne kuuluttaa sinun hetkesi arvokkuutta ja auttaa sinua lipumaan kohti Kaihon Satamaa aina maanjäristykselle saakka. Siellä rummut paukuttavat koskemattomuutesi tyyssijaa, eikä mikään mahti maailmassa pääse sinua silloin ahmaisemaan. Kunhan vain uskot ja nautit työsi hedelmiä joka päivä, elämäsi loppuun saakka."

*Kiittäen*

*koiraani Retua ja kissaani Lissua*
*edesmennyttä hevostani Isku-Mattia (Mattia)*
*kokemusasiantuntijaani – omaa sieluani*
*kaikenkattavaa luontoa ja Syvällisten Merten tuulia*
*henkimaailmojen viestintuojia*
*lapsiani, jotka ovat minulle maallista rikkautta rakkaampia.*

*Kiitos myös*

*Väkivalta- ja kriisikeskus Setlementti ry tuesta, kriisiterapiasta,*
*kuuntelemisesta ja toivon luomisesta*
*Mieli ry:n Kriisipuhelin avunpyynnön kuulemisesta ja turvan*
*luomisesta*
*BoD – Books on Demand, että sain esikoiseni kirjaksi*
*ja maailman lapset, jotka ovat innoittaneet, opettaneet ja*
*rikastuttaneet elämääni.*

*Ja lämmin kiitos Sanna Poikelus, kun mahtavalla luovuudellasi,*
*taidollasi, ystävällisyydelläsi sekä periksiantamattomuudellasi*
*työstit kirjan tekstiä ja ulkoasua loistoonsa kunnioittaen sekä*
*arvostaen taiteilijan luovuuttani. Hetket opettivat paljon niin*
*projektista kuin itsestänikin.*

*"Sillä antaessaan saa"*

Sinun Päättymätön Tarinasi voi siis alkaa. Ole hyvä!